Membre de l'Académie Royale de Belgique et de l'Institut International de Philosophie, Gilbert Hottois est professeur émérite de l'Université Libre de Bruxelles.

LE SIGNE ET LA TECHNIQUE

DANS LA MÊME COLLECTION

ANDRIEU B., *Sentir son corps vivant. Emersiologie 1*, 260 pages, 2016.

BARBARAS R., *La perception. Essai sur le sensible*, 120 pages, 2009.

BENOIST J., *Éléments de philosophie réaliste*, 180 pages, 2011.

BINOCHE B., *Opinion privée, religion publique*, 240 pages, 2011.

CASTILLO M., *Faire renaissance. Une éthique publique pour demain*, 256 pages, 2016.

CHAUVIER S., *Éthique sans visage*, 240 pages, 2013.

FISCHBACH F., *Philosophies de Marx*, 208 pages, 2015.

GODDARD J.-Ch., *Violence et subjectivité. Derrida, Deleuze, Maldiney*, 180 pages, 2008.

KERVÉGAN J.-Fr., *La raison des normes. Essai sur Kant*, 192 pages, 2015.

LAUGIER S., *Wittgenstein. Les sens de l'usage*, 360 pages, 2009.

MEYER M., *Qu'est-ce que la philosophie ?*, 160 pages, 2018.

POUIVET R., *Après Wittgenstein, saint Thomas ?*, 180 pages, 2014.

MOMENTS PHILOSOPHIQUES

Gilbert **HOTTOIS**

LE SIGNE ET LA TECHNIQUE
LA PHILOSOPHIE À L'ÉPREUVE
DE LA TECHNIQUE

PARIS
LIBRAIRIE PHILOSOPHIQUE J. VRIN
6 place de la Sorbonne, V^e
2018

Pour la première édition © *Aubier*, 1984
© *Librairie Philosophique J. VRIN*, 2018
ISSN 1968-1178
ISBN 978-2-7116-2804-9
www.vrin.fr

Nous republions le texte inchangé de la première édition de *Le Signe et la Technique* (1984) épuisée depuis longtemps, corrections faites d'un nombre non négligeable de coquilles. Nous n'avons pas repris la vaste bibliographie sur la philosophie de la technique dont l'ambition d'exhaustivité est aujourd'hui intenable. Elle était justifiée en raison du faible intérêt de la philosophie de l'époque pour la technique, un sujet qui nous apparaissait comme essentiel et que nous souhaitions promouvoir. Aujourd'hui, la « question de la technique » est universellement débattue, aussi par les philosophes. Nous nous sommes donc limité à une liste des ouvrages cités. Notre *Postface* apporte quelques indications sur les circonstances du *Signe et la Technique* et sur la lecture rétrospective que nous en avons fait.

AVANT-PROPOS

La philosophie de la technique est une discipline encore fort jeune et mal assurée de son identité. Elle ne se distingue pas toujours nettement de la philosophie des sciences ou de la philosophie politique (plus généralement de la philosophie sociale) : elle est, comme on le voit, tellement incertaine d'elle-même qu'elle oscille entre les extrêmes opposés. Elle présente aussi cette singularité de chercher encore à naître alors que son objet, sous de multiples aspects, est déjà abondamment étudié par des disciplines scientifiques. D'ordinaire, la situation est inverse : la philosophie ouvre un champ thématique du réel que la science élabore ensuite systématiquement. La philosophie de la technique est ainsi sommée de se justifier en montrant que son nouvel objet donne également à penser au philosophe comme tel, et pas seulement au sociologue, à l'économiste, au politologue, à l'historien ou au techno-logue/crate. Cette exigence de justification est d'autant plus lourde que, pour la tradition philosophique dominante, la technique est un sujet suspect. Suspect parce que supposé méprisable, indigne de l'attention soutenue du philosophe et ne méritant surtout pas de devenir le centre d'une discipline philosophique au même titre que la philosophie du droit, la philosophie des sciences, la philosophie de l'histoire ou la philosophie du langage.

Depuis quelques années cependant, les entreprises de philosophie de la technique se sont multipliées, sinon en France, en tout cas en Allemagne et aux USA. Que l'un des plus grands philosophes du XXᵉ siècle, M. Heidegger, ait jugé qu'il revient à la technique une place philosophiquement focale, est une indication suffisante de l'urgence d'une réflexion.

Nous avons nous-même *rencontré* la technique et l'univers technicien (qui certes de prime abord et étant donné la tradition dans laquelle nous respirions – il est vrai de plus en plus malaisément – ne requerraient pas du tout d'emblée notre attention) en étudiant un phénomène qui ne paraissait présenter avec eux aucun rapport : l'inflation du langage dans la philosophie contemporaine. L'analyse des causes de cette inflation nous a conduit à formuler l'hypothèse suivant laquelle le surinvestissement du langage par la philosophie contemporaine était une réaction complexe à l'univers techno-scientifique dans lequel le philosophe est désormais appelé à vivre, à penser et à mourir mais qu'il lui est difficile, et peut-être impossible, d'assumer.

Le présent essai commence en somme là où s'achevaient nos ouvrages sur le langage. Celui-ci demeure un thème central, mais il est placé en perspective à partir de la problématique de la technique, elle-même introduite à partir du point de vue philosophique qui accorde au langage une place essentielle.

La première section (*A l'enseigne du signe*) décrit cette place essentielle. Elle expose la manière dont la philosophie depuis toujours détermine l'être humain à la confluence du signe, de la valeur et du regard. Dans cette définition de l'homme, le langage occupe une place de choix puisque c'est par lui que l'homme se rapporte à ce qui est et à ce qui advient. C'est encore cette essence langagière de l'homme que le philosophe a toujours prétendu accomplir dans son « grand œuvre » ontologique. Mais cette essence de langage est aujourd'hui profondément ébranlée par des forces étrangères qui empêchent l'homme d'habiter encore pleinement l'espace et le temps par les signes. L'origine du malaise essentiel est en général fort mal – ou pas du tout – identifiée de telle sorte que les signes des hommes continuent de fonctionner comme s'ils réussissaient à inscrire (et donc à maîtriser essentiellement) la technique, cause occultée du malaise. Cette inscription est anthropologiste et instrumentaliste : elle fournit le cadre le plus général et le plus commun d'évaluation de la technique par la pensée contemporaine et se situe dans le droit fil de l'appréhension traditionnelle de « ces outils qui sont si bénignement au service de l'homme ». *La première section* – et ceci mérite d'être souligné afin de prévenir tout malentendu dans le chef du lecteur (malentendu qui entraînerait une véritable lecture à rebours du présent ouvrage) – *ne doit donc pas être lue* comme l'exposé de nos propres thèses sur la technique. Elle est une interprétation générale de la place occupée par la technique dans le cadre de la philosophie anthropologiste dominante.

La deuxième section (*La technique inassignable*) manifeste les insuffisances de cette inscription anthropologiste de la technique. La spécificité de la technique contemporaine y est soulignée en même temps que la tendance au renversement du primat de la *theoria* dont les conséquences sur la pensée philosophique sont incalculables. Nous montrons ensuite que la technique ne relève pas de l'ordre du symbole, qu'elle est non seulement l'autre du regard mais encore l'autre du langage et qu'elle induit une relation au temps et à l'espace tout à fait nouvelle, sans commune mesure avec l'être-au-monde et l'être-à-l'histoire spécifiquement humains. Les possibilités qui se sont récemment précisées de manipuler techniquement les dimensions essentielles de l'homme naturel-culturel attestent enfin décisivement la désuétude de l'anthropologisme qui continue de faire de l'homme la mesure de la technique. Celle-ci est dès lors reconnue étrangère à l'essence voyante et parlante de l'homme ; son inscription symbolique se révèle nécessairement abusive, c'est-à-dire idéologique, philosophiquement insuffisamment pensée et élaborée. L'altérité foncière de la technique par rapport au *logos* est à l'origine de la technophobie philosophique.

La section III (*Le règne technique*) tient toute dans le développement radical de la spécificité, précédemment reconnue, de la technique. Cette élaboration sans concession se saisit de l'*évolution* comme notion directrice dans la mesure où le rapprochement entre la bio-évolution et la techno-évolution se révèle éclairant et permet du même coup de relativiser certains concepts directeurs de l'anthropologie philosophique dominante, tel le concept d'histoire. Deux principes du règne technique sont plus spécialement thématisés : le principe anti-théorique du « Tout est possible » et l'impératif an-éthique du « Tout essayer ». Ces deux principes confirment l'étrangeté absolue du règne technique par rapport à l'essence théorique et éthique de l'homme. Ils sont à l'origine de réactions anti-technicistes. Nous concluons cette section sur ce qu'il est possible d'appeler la tentation métaphysique ou théologique induite par la reconnaissance du primat de l'opératoire-technique, tentation que nous dénonçons du même coup puisque le primat technicien dérobe les conditions de possibilité et de légitimité de toute entreprise de type onto-théologique. Bien comprise, la pensée de la « transcendance noire » concentre, sous des symboles évocateurs, le noyau de l'expérience existentielle en milieu technocosmique.

La dernière section (*Entre signe et technique*) n'a aucune prétention de synthèse, si synthèse veut dire réconciliation. Il n'est pas question de réconcilier signe et technique après avoir longuement montré tout ce qui irréductiblement les sépare. Mais différence n'est pas synonyme d'absence d'interaction : il faut fuir les simplifications réductionnistes qui consistent soit à ignorer la spécificité de la technique en l'inscrivant abusivement dans le champ de la culture et de l'histoire, soit à exagérer l'autonomie du règne technique comme si celui-ci était entièrement exempt de toute influence de l'ordre symbolique. Ménager la place à une dialectique du signe et de la technique n'est toutefois pas suffisant. Encore convient-il d'examiner si, sans renier les conclusions des deux sections précédentes, il est possible d'accréditer une direction dans laquelle faire peser les signes pour freiner ou canaliser la croissance aveugle et amorale de la technique. Le critère proposé est celui de la sauvegarde de la sensibilité éthique dont la source vive est l'attachement à l'humain. L'homme, médiateur du signe et de la technique, conscient de son ignorance sans appel et de sa précarité essentielle, trouvera dans une sorte de « prudence cosmique ou ontologique » seulement des lueurs incertaines auxquelles éclairer les choix éthiques et politiques d'un humanisme sans illusions.

SECTION I

A L'ENSEIGNE DU SIGNE *

1. LA NATURE AXIO-LOGIQUE DE L'HOMME

Au croisement du signe [1] et de la valeur, le *sens* fonde la nature culturelle et éthique de l'homme. Avec l'homme, le sens intervient dans l'évolution bio-cosmique de l'Univers. Avec le sens, un hiatus se creuse parmi le hasard de l'enchaînement des causes, où l'humanité vient se loger.

La nature, paradoxalement, a voué à son *autre* – la culture – un vivant unique en son genre. L'homme est ce vivant que l'évolution biologique a projeté hors d'elle-même sur une trajectoire évolutive qui n'est plus naturelle mais culturelle. L'histoire naturelle de l'homme en tant qu'homme débute dès l'instant où le jeu des mutations de l'évolution génétique se métamorphose en un jeu ontologiquement différent : celui des signes et des

---

* Rappelons la mise en garde de *l'Avant-Propos* : la première section n'est pas l'expression de nos propres thèses sur la technique mais une interprétation générale de la place occupée par la technique dans le cadre de la philosophie anthropologiste dominante.

1. Ou du symbole. Nous n'entrerons pas dans ces querelles de terminologie sémiologique, querelles de techniciens ou de pseudo-techniciens, le plus souvent vaines et ici incongrues, car ce dont il s'agit n'est pas technique.

valeurs. Dès cet instant, l'homme se lève et commence son cheminement humain, son chemin de sens : un parcours balisé de stations symboliques.

Naturellement voué à la culture – à l'ordre du signe ou du symbole –, l'homme est voué au *langage* qui constitue le système de signes le plus élaboré et le plus étendu. Un système pourvu de propriétés très spéciales, dont celle, bien connue, qui le rend apte à se pencher sur les autres systèmes de signes et sur lui-même : on parle de la peinture, de l'architecture, de la symbolique des fleurs et des rites ; on ne peint pas le langage, on ne sculpte pas les rituels, si ce n'est par métaphore et donc encore au fil du discours... Dès qu'il s'interroge sur son essence, son origine ou son destin, l'homme parle. Toutes les définitions de l'homme, la question même de la définition, présupposent le langage, ainsi que l'énonce le mot grec *logos* qui signifie « langage » et « définition » ou « essence ». Définissant l'homme comme le *vivant parlant* (le « zoon logon echon »), la philosophie a répondu à la question « Qu'est-ce que l'homme ? » de la façon la plus originelle, c'est-à-dire en alléguant cela même – le pouvoir parler – que *présuppose* toute question et toute réponse. Admettons donc que depuis l'aube grecque de la philosophie, la question « Qu'est-ce que l'homme ? » *a trouvé sa réponse philosophique véritable* et que le philosophe ne la pose encore depuis lors que parce qu'il comprend mal la portée de la question et de la réponse qui s'exprimèrent dans l'évidence de la philosophie naissante.

Qu'il soit considéré dans la synchronie d'une époque ou dans la diachronie d'une histoire, l'ordre culturel est surtout constitué de discours, de récits, de textes qui ressortissent aux registres les plus divers : de la fiction à la science, du droit à l'histoire… L'accès à la culture, l'acculturation qui est en même temps l'hominisation, est avant tout exercice multiple de la compétence linguistique passive et active.

Que l'homme est le « vivant parlant », l'animal dont *la différence spécifique s'identifie à la capacité linguistique*, les sciences de la vie le confirment à la lumière même de la Théorie de l'Évolution qui sert aujourd'hui de cadre universel aux recherches en biologie. La culture, écrit Th. Dobzhansky, « est une caractéristique de notre espèce, aussi caractéristique que le long cou de la girafe ». La culture ou, plus exactement, *la capacité d'entrer en culture*, d'acquérir une culture. L'homme est essentiellement « culturable », voué à se cultiver par assimilation de signes et de symboles. Sa nature est telle qu'elle se nourrit, se développe, s'épanouit, par la prise régulière de cette alimentation symbolique qui ne convient à aucune autre espèce vivante. Cultivable au sens de « culturable », l'homme n'est pas destiné à telle ou telle culture déterminée ni à tel ou tel langage particulier : « Nos gènes […] déterminent notre aptitude à apprendre un langage ou des langages, mais ils ne déterminent pas ce que nous disons », pas plus qu'ils ne déterminent la langue dans laquelle nous le dirons ou la culture particulière qui nous inspirera[1]. « Seuls des propriétaires de génotypes humains peuvent acquérir, transmettre, modifier de façon créative ou renouveler une culture […] des génotypes humains sont indispensables pour la culture, mais ils ne décident pas de la culture, parmi les nombreuses variantes qui existent, qui sera

1. Th. Dobzhansky, *L'Homme en évolution*, Paris, Flammarion, 1966, p. 34.

acquise. » « De la même façon, des gènes humains sont indispensables pour apprendre et exercer un langage, mais ils ne décident pas du langage particulier qui sera appris » [1]. « Construire des symboles et employer un langage symbolique sont les facultés les plus distinctives de l'homme » [2]. L'aptitude au langage et à la culture apparaissent donc comme un universel propre à l'espèce humaine, *produit de cette mutation évolutive paradoxale qui projeta l'animal devenu humain hors de l'évolution biologique et dans l'évolution culturelle.*

Arraché à la fatalité sans *telos* ni *logos* des mutations génétiques par la grâce aléatoire d'une ultime et constitutive mutation, l'homme se lève de l'animal en se découvrant voué aux métamorphoses du sens.

Le sens est l'entrelacs du signe et de la valeur. Les valeurs viennent *animer* le jeu des signes. S'il n'était travaillé par des valeurs qui lestent de plus et de moins les signes, l'ordre symbolique serait inerte, littéralement dépourvu de sens. Les valeurs viennent organiser, hiérarchiser le champ des signes. Elles impriment des vecteurs, font apparaître des lignes de force, des lieux et des directions privilégiés. Du même coup, elles rendent tensionnel et conflictuel l'ordre symbolique dont les signes autrement seraient tous équivalents. Équivalence des signes qui entraînerait l'équivalence des choses, des actes et des événements, car ce n'est qu'à travers des signes que l'homme est à l'espace et au temps.

Grâce aux valeurs, le propre symbolique de l'humanité devient dynamique, évolutif, authentiquement culture et

---

1. Th. Dobzhansky et *alii*, *Evolution*, San Francisco, Freeman, 1977, p. 451.
2. Th. Dobzhansky, *L'Homme en évolution*, op. cit., p. 242.

histoire. La culture, le sens, l'histoire, le monde sont des noms et des aspects de cet entrelacement du signe et de la valeur qui compose la *nature axio-logique* de l'homme. L'enceinte axio-logique est une arène où les discours, les symboles, les écrits, les cultures, les traditions s'affrontent en une logomachie universelle qui n'a rien de futile puisqu'il y va du sens de l'existence individuelle et collective des hommes.

Le langage lui-même, et pas seulement ses multiples réalisations discursives et textuelles, participe de cette nature axiologique : il est constitué de *règles*. Les règles n'ont rien de commun avec des lois déterministes. Elles sont impératives, de l'ordre du devoir, et peuvent être transgressées étant perméables à la liberté. Le devoir et la liberté imprègnent la compétence linguistique qui caractérise l'humanité, rendant possible l'évolution morphologique et sémantique des langues. Si la légalité sémantique relevait de la nécessité causale, le langage ne serait qu'un organe génétiquement déterminé qui n'ouvrirait aucun espace d'évolution nouveau. Ni la culture, ni l'histoire dans ce qu'ils présentent d'irréductible à l'évolution naturelle n'existeraient et l'espèce humaine, bien que communicante, serait en attente muette d'autres mutations génétiques, étrangères à toute métamorphose du sens. Si la valeur et le signe n'étaient unis dans l'essence axio-logique des hommes, ceux-ci communiqueraient entre eux à la manière des abeilles ou à la façon de machines fonctionnant toutes immuablement selon un même code figé. Il n'y a donc, à la rigueur, de séparation du signe et de la valeur que dans l'exposé analytique. *La vérité et le propre de l'humanité tiennent dans un nœud axio-logique indéfectible.*

Que l'homme est le vivant voué à la nécessité du choix et destiné à l'exercice de la liberté, qu'il est un *animal éthique* (ou politique, ce qui *en l'occurrence*, fait peu de différence), est une vérité que la philosophie a découverte aussi anciennement que la vérité de l'essence langagière de l'homme.

Avec des mots allusifs et chargés d'origine, Heidegger évoque cette proximité de la valeur et du signe en l'homme, lorsqu'il écrit que « Le langage est la maison de l'être dans l'abri de laquelle l'homme demeure » et qu'il invite simultanément à repenser le sens originel de l'éthique à partir de *l'éthos* qui signifie séjour[1]. C'est axio-logiquement que l'homme, conformément à sa nature, hante l'espace et le temps.

La biologie corroborait l'essence langagière de l'homme ; elle atteste aussi sa nature éthique. « Ce qui est héréditaire, c'est une potentialité, une aptitude à l'éthique. L'expression de cette aptitude est dirigée par la culture dans laquelle l'individu est né. Ou, à le dire autrement, l'évolution […] n'a pas pourvu l'humanité d'un système éthique particulier ; elle a cependant rendu les hommes capables d'apprendre diverses espèces d'éthiques, de valeurs et de morales »[2].

2. LA NATURE LOGO-THÉORIQUE DE L'HOMME

« Le microscope et le télescope gâtent en fait les sens originels de l'homme ». Ces instruments, médiateurs techniques d'un autre pont vers ce qui est, laissent en arrière la nature humaine et ignorent la nature elle-même qui ne se livre authentiquement que dans la vision

---

1. *Cf.* M. Heidegger, *Lettre sur l'humanisme*, Paris, Aubier, 1964.
2. Th. Dobzhansky et *alii*, *Evolution*, *op. cit.*, p. 455.

naturelle. « L'œil lui-même est la médiation la plus pure de la subjectivité et de l'objectivité. » Et citant Th. Litt : « L'œil, comme création de la lumière, accomplit tout ce que la lumière peut accomplir... En lui le monde se reflète de l'extérieur et l'homme de l'intérieur. La totalité du dedans et du dehors est accomplie par le regard [1].

Depuis toujours, le regard a été pour les philosophes le sens par excellence grâce auquel l'homme se rapporte à ce qui est. *Toute la thématique et toute la métaphorique des rapports du sujet connaissant à l'être pivote autour de l'œil et de la lumière, dans les matérialismes comme dans les idéalismes. La nature théorétique ou intuitive de la connaissance et de la pensée en général* est accentuée en permanence : l'on parle de l'œil ou du regard de l'esprit autant que de la vision corporelle, de l'éclat lumineux qui baigne le monde des idées (Platon) comme de la grâce éclairante de Dieu (Augustin) ou des simulacres qui frappent la surface de l'œil (Lucrèce). Et lorsqu'un philosophe – Leibniz – manifesta une sensibilité prémonitoire à *l'étrangeté opératoire* du calcul et de la machine, il parla aussitôt d'une « *pensée aveugle* » faisant obscurément signe vers quelque chose – la technique – qui allait croître en conflit absolu avec la dominante théorétique de l'Occident.

L'homme cependant n'est pas un être de pur regard. Abandonnée à elle-même, la vision serait muette, dépourvue de sens, aussi obscure et sans distance, collée sur les choses, que l'odorat ou le toucher. En réalité, l'homme n'est au monde et au temps *qu'en parlant son regard. C'est l'alliance fine du signe et de la vision qui*

---

1. H. J. Meyer, *Die Technisierung der Welt*, Tübingen, Niemeyer, 1961, p. 123-124.

donne sens à ce qui est. Tout éclairage, toute lumière vient de cet entrelacement intime qui produit des effets de spiritualité. La *pensée* est un mot pour désigner cette alliance qui caractérise l'essence *logo-théorique* de l'homme. Hors de cette alliance, il n'y a pas de pensée, ni d'esprit, ni de sens. Il n'y a pas d'homme. « Pensée aveugle » disait Leibniz. « La science ne pense pas » affirme, plus brutalement, Heidegger, lui aussi sensible à *l'opérativité*, étrangère au *logos* et à la *theoria*, de plus en plus active dans notre contemporanéité.

Le mot « onto-logie » et plus encore l'expression forgée au début du XXᵉ siècle d'« ontologie phénoméno-logique » disent le *croisement originel de l'être, du langage et de la vision* dont l'assomption fut, depuis le commencement, le grand œuvre de la philosophie.

3. L'Homme n'est pas techno-logue

Si le langage n'était qu'un *outil* de représentation et de communication, il faudrait que l'homme ait d'abord et indépendamment de tout langage accès à ce qui est et qu'il ait décidé en un deuxième temps de construire un instrument – le langage – fonctionnant comme une sorte de miroir de la réalité en vue de transmettre à ses congénères des informations sur le réel, suivant les nécessités de la vie commune. On sent immédiatement que cette conception des rapports entre l'homme, le langage et le réel a quelque chose de profondément artificiel, que c'est une reconstruction non seulement superficielle mais fausse. L'évidence de cette fausseté est multiple. La réalité ne prend forme et sens au regard de l'homme que si ce regard est chargé de signes. Ce n'est qu'une fois vue et *nommée* qu'une chose acquiert

une identité qui la distingue ou la rapproche des autres
choses du monde environnant. Le seul regard ne suffit
pas à faire entrer les choses dans l'être parce que – ainsi
que l'ontologie phénoménologique l'a bien compris –
l'accès à l'être est en même temps accession au sens. Il
n'y a donc pas de relation onto-logique au réel qui serait
pré- et a-langagière. Pour pouvoir construire des outils
quels qu'ils soient, pour pouvoir imaginer des fins et des
moyens adaptés à ces fins, il faut que l'homme ait déjà
accès à l'ordre symbolique, c'est-à-dire qu'il dispose
déjà d'un langage qui lui ait simultanément ouvert les
dimensions de l'être et de la valeur. Ce n'est qu'à partir
de cette double ouverture que l'homme a pu se mettre
à construire des instruments en vue de la réalisation de
finalités estimées désirables. *Une langue instrumentée est
possible seulement sur fond d'un langage qui ne soit pas
instrumental.* Originellement, les mots et les symboles
ne sont pas à la disposition de l'homme à la manière
d'une hache ou d'un ordinateur de poche. La hache et
l'ordinateur n'ont de sens et d'identité que par la grâce d'un
nom qui leur ménage une place dans l'ordre symbolique.
Seule une langue dérivée et artificielle peut être dite à la
disposition des hommes, à la manière de machines-outils.
L'apparition et la disposition de symboles linguistiques
conventionnels de représentation et de communication
postule au préalable une autre relation entre le langage,
l'homme et le monde qu'exprime la nature axio-logique
et logo-théorique de l'humanité.

   Si le langage était primitivement livré à l'homme
à la manière d'un objet ou d'un outil, il serait possible
de faire de leur relation une description adéquate, à
la fois technique et logique, en termes propres. *Mais
l'homme, le langage et le monde ne sont pas dans un*

rapport originellement technologique. Aussi l'évocation de l'être-au-monde-par-le-langage sera-t-elle toujours allusive, métaphorique sans être pour autant en attente d'une représentation « propre » qui ne pourrait, paradoxalement, que se révéler abusive. La conception techno-logique du langage est extrêmement répandue et très ancienne. Depuis l'Antiquité, elle fut une tentation spécifique de l'Occident. Cette conception qui fait du langage un outil de représentation et de communication a trouvé son apogée dans la logique mathématique contemporaine. C'est L. Wittgenstein qui a, dans son *Tractatus logico-philosophicus*, conduit cette conception jusqu'à sa perfection aporétique [1].

4. L'ESSENCE DOUBLE DU LANGAGE HUMAIN

La logique et la linguistique contemporaines distinguent deux pôles du langage, deux manières dont la signification vient au signe, deux modes pour le signe d'être signe, pour le langage d'être langage. Ces deux pôles ne sont séparables de façon nette que très artificiellement. Et la question de la nature du langage s'identifie en grande partie à celle de cette inséparabilité. Les deux pôles sont *la référence et la signifiance.* Ils sont tout à la fois des tentations-limites et des ingrédients essentiels du discours.

Comme tentation-limite, la référence alimente le mythe d'un langage purement extensionnel dont les énoncés seraient des représentations vraies ou fausses

---

1. *Cf.* G. Hottois, « Les métaphores de la "Bild-Theorie" dans le Tractatus logico-philosophicus », *La Représentation. Actes du XVIIIᵉ Congrès des Sociétés de philosophie de langue française* (Strasbourg), Paris, CNRS, 1982.

des faits. Vérité ou fausseté seraient immédiatement perceptibles et décidables, comme on peut juger par simple inspection de la superposition de deux formes (en l'occurrence l'énoncé et le fait décrit). Un tel langage s'appuierait sur un lexique biunivoquement rapporté aux éléments du réel : un seul nom par chose et une seule chose par nom. Toute homonymie et toute synonymie seraient exclues. Il n'y aurait pas deux descriptions possibles d'un état de choses. La planète Vénus s'appellerait « Vénus » et non tantôt « étoile du matin », tantôt « étoile du berger ». La signification du signe serait le référé unique dont le signe serait l'étiquette invariable. Le sens s'absorberait ainsi sans reste dans la référence. Tel est l'idéal utopique d'un langage exclusivement référentiel et fonctionnel. Idéal logique ou plutôt *technologique* au sens où un tel langage accorderait à l'homme une maîtrise symbolique sans faille de la réalité. Mais la tentation du discours référentiel pur implique en même temps une négation du langage, ou en tout cas l'oubli de ce que Merleau-Ponty a appelé la « chair » du langage. Purement extensionnelle, la parole ne serait là que pour s'effacer, se faire absolument transparente au profit exclusif de la réalité désignée ou décrite. Le discours référentiel adéquat (vrai) ne serait qu'une répétition transparente du réel extralinguistique. Et la vérité serait cette vue de ce qui est à travers la vitre du langage. Vitrifié, le langage séparerait, tout en étant absolument transparent. *Le rêve du langage purement référentiel est le rêve d'une mise à distance du monde qui ne serait pas en même temps une mise en perspective.* Voilà pourquoi une chose ou une réalité uniques ne seraient pas nommables ou descriptibles de façon multiple. Dès que l'on admet ou que l'on réclame cette multiplicité, on reconnaît des

perspectives et des relations de synonymie qui ne sont
pas de simples équivalences. La référence – ou l'être –
d'éléatiquement univoque se fait plurivoque. Le *sens*
alors travaille le discours et le multiplie. Le langage cesse
d'être pure transparence. Il donne encore à voir, mais
suivant des angles et des points de vue. Le regard qui se
pose sur le réel s'entrelace aux mots et la signifiance se
mêle à la référence.

Une limite est aussi une impossibilité. Le rêve
d'un langage purement référentiel est un rêve anti-
linguistique : le rêve d'une parole inutile qui redoublerait
tautologiquement le réel. Le cauchemar aussi de l'impossibilité du discours : à la rigueur, il interdit de mêler les
termes en disant que « ceci est cela », puisque « ceci n'est
jamais que ceci ». « L'être est », point final. Tout *est* dit,
c'est-à-dire rien n'est *dit*. A le saisir dans sa radicalité,
le mythe du langage référentiel est le rêve d'un langage
qui se résorberait dans la parole unique et définitive :
il est. Car multiplier les mots, c'est ouvrir la porte aux
combinaisons multiples de mots, aux discours et à
l'opposition des discours : à la discussion, au dialogue, à la
dialectique, à l'herméneutique, à toute cette prolifération
du langage à partir du langage, en réponse à du langage
et en prolongement du langage. C'est ouvrir la porte au
règne de la signifiance ou du moins à l'insémination de la
référence par la signifiance.

La signifiance est l'autre pôle du discours. Il est
beaucoup plus difficile, et sans doute *impossible pour
des raisons essentielles*, de la définir proprement. Le
pôle référentiel se prêtait à la définition, appelant des
noms propres, parce qu'il est le pôle de la stabilité, de
la fixité, de l'identique et de l'unique : un signe – un
objet ; un groupe de signes – un complexe d'objets. De

la signifiance, il n'y a que des évocations métaphoriques, obliques, manquées. La signifiance, c'est l'import spécifiquement langagier dans la relation au réel. C'est la fatale et féconde impureté de la vitre qui fait qu'une saisie du réel n'est jamais neutre, objective, parce que la vitre du langage interpose une épaisseur informante-déformante qui accorde au réel sa couleur de monde. L'objectivité scientifique, la description logique n'est que l'une des couleurs du réel. En parlant le réel, en signifiant le regard qu'il porte sur les choses, l'homme les organise, donne à ce qui est une forme, une orientation : un sens. Cette donation n'est éprouvée comme une déformation malheureuse que par celui qui s'imagine qu'il existe une saisie tout à fait transparente du réel, un regard qui ne serait pas parlé, un *logos* qui ne serait pas mêlé *d'axia*.

Mais, de même qu'il y a une mythologie de la référence pure, il y a aussi la tentation de la signifiance pour la signifiance. Cette tentation revient à cultiver, pour le seul plaisir, les jeux mobiles des formes et des couleurs du discours devenu *kaléidoscopique*, c'est-à-dire *dépourvu cette fois de toute transparence référentielle*. Comme le rêve de la référence brute, la tentation de la signifiance pour la signifiance (comme on parle de « l'art pour l'art ») est également ancienne. La première évoquait le silence éléatique ; la seconde le verbe héraclitéen. L'une et l'autre procèdent directement de *l'essence double du langage* : autant le langage est destiné à s'effacer – mais pas totalement – pour laisser apparaître le monde, autant il jouit de la propriété de pouvoir proliférer, se poursuivre dans l'ignorance (ou le souci très relatif) de la description de référés extralinguistiques. Le langage répond au langage, le discours commente, explicite, interprète le discours, l'écriture multiplie les textes en marge de textes. Cette faculté d'engendrement illimité de la signifiance à partir de la signifiance sans autre appui que le fil du discours, est le propre du langage humain. Elle est à la source de la souplesse et de la liberté du langage par rapport à la référence, la condition de son non-asservissement au réel extralinguistique. Cette libre croissance de l'ordre symbolique humain ne se retrouve dans aucun autre système de signes utilisé par des vivants (sinon à un degré tellement infime que toute émancipation effective des signes par rapport aux référés se trouve proscrite et reste donc inconcevable de l'intérieur même de ces systèmes asservis).

Le bon usage du langage humain, exercé dans la reconnaissance de l'essence logothéorique et axiologique de l'homme, *mêle de façon équilibrée la signifiance et la référence*. L'homme est au monde par le langage, mais ce pont de langage qui fait la spécificité humaine de notre relation à ce qui est, est un lien souple. L'homme est au monde par la liane du langage. Tel est le mode spécifiquement humain de rencontre de ce qui est et de ce qui advient. Ni les arbres, ni les oiseaux, ni les insectes, ni les étoiles ne sont dans l'univers de cette façon. L'homme habite l'univers par le langage, mais ce séjour demande que soit respectée et préservée l'alliance équilibrée de la signifiance et de la référence. La liane rompue, les discours prennent leur envol comme une multitude colorée de ballons aériens oublieux de la Terre mais destinés à y redescendre sous la forme d'enveloppes crevées et vides. Tandis que le raidissement du rapport confère au discours la rigidité stérile et la froideur muette de la glace.

Ces deux excès également destructeurs et pourtant opposés sont coutumiers de la philosophie contemporaine.

D'un côté, les philosophies se laissent séduire par l'utopie du logos référentiel pur entretenue par la logique et la science. De l'autre, les philosophies gravitent autour de la poésie, de la littérature, se faisant herméneutiques, textuelles, dialogiques ou rhétoriques, et ne reconnaissant plus que l'exploitation immanente de l'épaisseur du langage. Les premières sont à la remorque de la référence, les secondes à la poursuite de la signifiance. Toutes deux méconnaissent la nature axiologique et logothéorique de l'être au monde par le langage.

La philosophie classique, fuyant ces excès opposés, déroulait un discours où il s'agissait du *Sens de l'Être*. Dire le sens de l'être, telle était la vocation authentiquement ontologique appuyée à la synthèse de la signifiance et de la référence et conforme à l'essence du langage humain.

5. LE MONDE ET L'HISTOIRE
OU LA MÉTAMORPHOSE DE L'ESPACE ET DU TEMPS

La linguistique contemporaine nous a appris que le langage est une structure totale, c'est-à-dire un système organisé dont tous les éléments sont solidaires et reçoivent leur identité, leur fonction, leur place et leur valeur relative des liens qu'ils nouent entre eux. La nature structurelle et systématique du langage n'implique cependant pas une autarcie ou une autonomie absolue de l'ordre des signes. Celui-ci ne se déploie pas dans l'indifférence au milieu naturel au sein duquel les hommes vivent et parlent. Si ces hommes sont des nomades parcourant les vastes étendues désertiques, l'affrontement quotidien du sable sous toutes ses formes entraînera une croissance extrêmement différenciée et valorisée du vocabulaire qui désigne les phénomènes sablonneux. Si, par contre, l'espace est polaire, ce seront toutes les manifestations de la neige et de la glace qui seront soigneusement distinguées et occuperont une portion importante du lexique. La langue d'hommes des latitudes tempérées accordera à ces météores extrêmes une importance et une attention différenciatrice beaucoup plus modeste.

En soi, l'espace naturel est un chaos surabondant et mouvant de choses et de phénomènes qui harcèlent les sens, tous les sens, sans répit et dans la confusion. L'avènement du *monde* est la métamorphose de ce chaos en un cosmos. Elle a lieu dès que les signes viennent animer la sensorialité brute, dès que l'homme, devenant homme, se met à parler son regard. La structuration symbolique du réel est à la fois une mise à distance et une mise en ordre. Celle-ci, on l'a vu, n'est pas arbitraire puisqu'elle tient compte jusqu'à un certain point de l'individualité physique du milieu, mais elle n'est pas davantage asservie au réel puisqu'elle est choix, distinction, hiérarchisation et totalisation différenciée. L'alliance essentielle de la signifiance et de la référence n'exprime rien d'autre que ce non-arbitraire profond du langage qui n'est cependant pas synonyme d'asservissement. Le langage est voué au monde comme celui-ci est voué au langage. La phénoménologie – et en particulier la phénoménologie herméneutique de Heidegger et de Gadamer – a suffisamment explicité cette correspondance mutuelle de l'être et du logos. « Le langage tient ouvert le domaine dans lequel l'homme, sur Terre et sous les Cieux, habite la maison du monde »[1].

---

1. M. Heidegger, *Hebel. Der Hausfreund*, Pfullingen, Neske, 1957, p. 38.

La métamorphose symbolique de l'espace en monde de sens coïncide avec l'humanisation de la nature devenue demeure de cet être axio-logique et logothéorique que nous sommes. La métamorphose de l'espace en monde n'est, en somme, que la manière propre à l'homme – le vivant parlant – de se rapporter à ce qui est, d'être dans l'univers.

La familiarité avec l'espace naturel progressivement élaborée par un groupe d'hommes est conservée par la culture et transmise par la tradition. Devenir homme, c'est entrer dans la demeure aménagée du monde grâce à l'acculturation, c'est-à-dire par l'assimilation d'un ensemble organisé de signes lestés de phénomènes et qui confère aux choses et aux êtres leur place, leur sens et leur valeur.

Mais que l'homme, en tant qu'il est le vivant parlant, ne connaisse le réel que sous les espèces du monde et du sens ne doit pas oblitérer le fait que cette nature physique, que l'homme en tant qu'homme ne rencontre qu'à l'abri de la distance symbolique, préexiste et existe en soi et qu'elle est la matrice réelle du complexe synchrone langage-monde-sens-valeur-histoire auquel l'humanité comme telle s'identifie. Autrement dit, il ne faut pas que la reconnaissance de la spécificité de l'être-au-monde proprement humain devienne aveuglement et oubli ou mépris pour toute l'évolution physique pré-historique et pré-mondaine sous prétexte que l'homme ne peut les penser qu'*à partir* du monde et de l'histoire comme si, en un retournement paradoxal et pourtant cher aux phénoménologues et herméneuticiens philosophes, la nature et la temporalité physiques étaient dérivées, et donc secondaires, par rapport au Monde et à l'Histoire. Ceux-ci, devenus notions *originelles*, demeureraient seuls dignes du souci et de la pensée philosophiques authentiques. Ici se dévoile une *mystification constitutive de la philosophie contemporaine* (dans la mesure où cette dernière s'est identifiée au déploiement de la phénoménologie), mystification qui transforme en *prison* le monde et l'histoire : une prison étrange puisque hors d'elle, il n'y aurait *rien*.

L'homme se rapporte par le langage non seulement à ce qui est mais aussi à ce qui advient, adviendra et est advenu. Parler le temps, c'est faire un récit, raconter une histoire. Grâce au discours et au sens qu'il communique à la séquence des événements, la succession temporelle d'aveugle, de purement causale et aléatoire, devient historique et intelligible. Elle acquiert un sens, c'est-à-dire qu'elle a un commencement et une fin à la façon d'une épopée, d'un conte ou d'un récit. Il importe de souligner la *nature discursive et narrative de la temporalité* proprement humaine. La première forme de cette structuration symbolique du temps relève toutefois plus précisément de la litanie que du récit. Il s'agit de la temporalité mythologique qui conçoit l'histoire comme cyclique, éternelle et régulière répétition d'une séquence dont le « temps fort » est le passé originel (l'époque de la création-mise en ordre des choses et des êtres) que raniment périodiquement les fêtes. Cette temporalité essentiellement monotone et centrée sur le passé le plus ancien ignore la dimension du futur.

En dépit de ses attaches mythologiques profondes, le judéo-christianisme nous a fait passer d'une discursivité temporelle litanique à une histoire proprement narrative. Le temps se fait unilinéaire et finalisé, durée qui coule dans une certaine direction, irréversible et conditionnée par sa source, une durée qui a sens. L'avenir n'est plus la répétition simple et morne du passé originel. Il en serait plutôt l'accomplissement. Ainsi la résurrection et la vie éternelle promises pour la Fin des Temps chrétiens est la réalisation au terme de la discursivité historique d'une essence humaine qui avait été simultanément donnée et perdue ou dénaturée au commencement. Mais la temporalité narrative ne se réduit pas à l'histoire judéo-chrétienne. Dès le XVIIIe siècle, les philosophies de l'Histoire sécularisent, voire laïcisent, le temps sous le signe d'un humanisme progressiste, c'est-à-dire encore une fois d'un accomplissement progressif d'une nature humaine donnée au départ mais seulement au titre de possibilité, d'idéal, ou dans le drame d'une immédiate aliénation. Le marxisme et plus encore, sans doute, certaines philosophies qui identifient la Fin de l'Histoire à l'avènement d'une Société du Dialogue Emancipé (K.O. Apel et J. Habermas : ici, la nature langagière de l'Histoire et de sa Fin – l'Histoire n'étant que le processus symbolique de désaliénation libératrice de la parole humaine conformément à l'essence langagière de l'homme – éclate au grand jour) expriment de façon exemplaire la conception narrative de la temporalité qui domine encore la conscience contemporaine. Le sens commun s'apaise dans l'idée d'un Roman de l'Humanité dont, oh merveille !, le mot de la fin ne nous serait pas entièrement caché, qu'il s'agisse de la Résurrection ou de la Société sans classes. La temporalité narrative de l'Histoire est extrêmement importante : elle fournit, tantôt de manière expresse et précise, tantôt de façon vague et générale, le cadre mytho-logique au sein duquel les hommes pensent, espèrent, se souviennent et agissent. Les caractères majeurs de la temporalité historique, sur laquelle il nous faudra revenir pour préciser une appréhension du temps fondamentalement différente, sont : 1) la notion de *progrès* qui comporte une *valorisation de l'avenir*; 2) *l'anticipation logothéorique de cet avenir* : l'avenir est relativement transparent, son sens est, en gros, connu même si le détail concret du déroulement historique nous échappe. Le futur est donc imaginairement et spéculativement bouclé. L'histoire est *eschatologique* : le regard symbolique pénètre les fins de l'Histoire et nous offre un logos entretenant notre espérance et guidant notre action; 3) *l'entéléchie de l'humanité* : la durée historique est celle de l'accomplissement de l'essence de l'Homme. Ceci signifie que l'homme a une essence (dont le profil général est connu) et que cette essence demeure en partie potentielle, ou provisoirement contrecarrée, le temps de la durée historique justement. L'humanité en l'homme demande à s'actualiser; l'histoire n'est que la durée de mise en œuvre de cette actualisation. L'homme n'est donc foncièrement ni une énigme ni le produit d'un hasard. Il occupe le sommet de l'évolution bio-physique (dont nous n'avons plus à nous soucier) et le parcours qu'il lui reste à accomplir n'est pas celui de la *mutation* en une autre espèce, ce qui correspondrait à un changement d'essence. Ce parcours est historique et symbolique, c'est-à-dire culturel, affaire de signes et de langage. L'homme n'est pas en instance de mutation mais bien en instance de *métamorphose : l'histoire est la chrysalide discursive de l'imago humain*[1].

---

1. Les lignes qui précèdent reprennent partiellement des passages de G. Hottois, « La "dimension du futur" à travers la temporalité mythique, historique et techno-scientifique », *Cahiers internationaux du symbolisme*, n° 42-43-44, 1981.

L'Histoire et le Monde sont *parlants* – du moins ne sont-ils ni complètement muets ni absolument opaques –, c'est là une manière encore de dire que, conformément à son essence axio-logique et logo-théorique, l'homme brode le temps et l'espace aux motifs entrelacés du signe, du regard et de la valeur.

6. L'Homme le plus humain

Le philosophe est l'homme le plus humain, car il accomplit l'essence de l'homme de la façon la plus éminente et la plus appropriée. A la croisée du signe et de la valeur et du signe et du regard, l'homme a été défini comme le vivant *parlant*; le philosophe lui-même a déterminé ainsi le vivant que nous sommes. Or le philosophe est, sans aucun doute et avant tout, l'homme du signe et du discours. Toutefois, comme bien d'autres vocations sont également – à titre exclusif ou principal – langagières, il est nécessaire de justifier pourquoi il revient à la philosophie d'être l'entéléchie éloquente de l'essence langagière de l'homme. Ce privilège tient à la profonde adéquation entre le discours du philosophe et l'essence du langage humain. De référence et de sens, celle-ci a été déterminée comme double. C'est dans le discours onto-logique, où il s'agit de dire *le sens de l'être*, que la nature double du langage trouve son accomplissement le plus élevé. Perfection du logos qui est du même coup accomplissement du vivant porteur d'un tel logos.

Cette parfaite adéquation de la philosophie – en sa partie la plus noble : l'ontologie – à l'essence du langage est corroborée pour les déterminations logo-théorique et axiologique. Le discours du philosophe est fondamentalement de contemplation. L'ontologie est la contemplation parlée de ce qui est, l'intuition articulée de l'être. Jouissant de la vue la plus pénétrante alliée à la voix qui porte le plus loin, le philosophe accomplit la nature logo-théorique de l'homme.

Le discours philosophique est enfin valorisé et valorisateur, globalement et dans le détail de son articulation. Parole suprême et fondatrice, première et ultime, elle est foncièrement superlative et n'a, aveu ou dénégation, que peu d'estime pour les multiples discours où nous fourvoie notre essence dévoyée en prolixité. Dès l'origine, le logos philosophique s'est affirmé contre les *doxai*, contre les *muthoi*, contre toute la verbosité pratique, affairée, imaginative et précipitée qui caractérise l'humanité. Aujourd'hui encore, alors que le discours de la science jouit d'un prestige universel, la philosophie cherche à préserver son privilège en se disant plus originelle, plus authentique, plus profonde, en définitive « plus vraie » que les théorisations scientifiques circonscrites à des domaines limités et « dérivés » du réel. Mais la valeur affecte aussi l'articulation intime du propos philosophique qui se révèle de part en part *axiologie*. De Platon à Heidegger, il n'y a pas de discours plus hiérarchisé que ceux des philosophes qui, de façon systématique voire scolastique, introduisent par tout le champ symbolique (et du même coup sur toute la surface du réel) des partages, des oppositions, de l'ordre, mettant d'un côté l'apparent, le dérivé, l'inauthentique, l'opinable, etc. et, de l'autre, le réel, le fondement, l'authentique, le vrai, le nécessaire... suivant les degrés d'une échelle symbolique qui rapproche ou éloigne du Mot-Suprême, qu'il s'agisse du Bien ou de l'Être. Nietzsche, très sensible à la nature axiologique de la philosophie, en tira toutes les conséquences en déterminant le logos comme essentiellement valorisateur et pour cette raison, perspectiviste.

La prise de conscience au XXe siècle de la nature axiologique de la philosophie traditionnelle (la « métaphysique ») a entraîné à la fois une exacerbation et une réaction. Cette dernière gravite autour d'une intention générale de « destruction » (tâche infinie) de l'ordre métaphysique et s'exprime, sous des formes très différentes, dans la pratique « dissolvante » du second Wittgenstein comme dans l'écriture « déconstructrice » de Derrida. Mais cette intention n'est évidemment pas neutre ni exempte de choix. D'abord parce qu'elle est réaction contre, ensuite parce que, *nolens volens*, elle promeut à son tour des mots fétiches qui sans s'organiser en des hiérarchies axio-logiques complexes, se regroupent cependant dans des séries majeures et mineures : l'être, le phénomène, le sens... ou l'écriture, la supplémentarité, la différence... ou le chiasme, l'entrelacs, la chair... d'un côté, et l'étant, la métaphysique, la logique, l'identique... ou la voix, l'origine, la coïncidence... ou la séparation, l'opposition, le tiers-exclu... de l'autre.

Animal logo-théorique et axio-logique, le philosophe l'est au plus haut degré et de la façon la plus accomplie. Source de la détermination spécifique de l'homme comme le « vivant parlant » et de la définition du langage comme logo-théorique et axio-logique, la philosophie s'avance en même temps comme logo-théorie et axiologie suprêmes. Le philosophe joint le geste à la parole : il est le praticien le plus éminent de l'essence langagière de l'homme. Et le geste philosophique (l'ontologie ou ce qui en tient lieu à une époque où ce terme est devenu suspect) se donne pour parfaitement adéquat au contenu de la parole qui lui sert de consigne (la détermination de l'essence langagière du vivant que nous sommes). L'ontologie livre donc, mieux : coïncide avec l'*imago* de l'humanité comblant le philosophe en qui ou grâce à qui l'alchimie du regard, du verbe et de la valeur réussit la « pierre philosophale » de l'humanité. *Pour comprendre la portée de la réaction du philosophe à la technique, il conviendra de ne pas perdre de vue que la philosophie est le grand œuvre de l'humain, l'achèvement symbolique de la nature symbolique de l'homme.*

7. LA SCIENCE LOGO-THÉORIQUE

Née dans la proximité immédiate de la philosophie, avec laquelle ou avec une partie de laquelle elle s'est confondue longtemps, la science se situe originellement dans le droit fil de l'essence logo-théorique de l'homme. Cela signifie qu'elle fut déterminée comme *théorétique et discursive* simultanément. La nature théorétique de la science ancienne est bien connue et le mépris des savants-philosophes de l'Antiquité pour les tâches techniques et pratiques (le travail manuel n'a guère de place dans les cités idéales de Platon et d'Aristote) a été assez souligné. Cette nature théorétique est à comprendre comme le privilège absolu du regard, de la vision. Qu'il s'agisse de l'épistémologie idéaliste de Platon, de la doctrine de l'Illumination augustinienne ou de l'empirisme atomiste, toujours la théorie de la connaissance accorde au regard (sensible ou spirituel) le rôle principal dans l'acquisition et la disposition du savoir.

La nature discursive ou langagière – logique (logos) – de la science est diversement attestable. D'abord, dans le fait que sa question directrice est en forme d'une *demande de définition* : qu'est-ce que ? La quête scientifique des essences est une quête de significations. Par bien des aspects (recherche des catégories, donc des significations, les plus générales; repérage de la classification des concepts sous ces catégories; détermination de la hiérarchie universelle des idées-significations), le projet de la science ancienne semble avoir été celui de ce que nous nommerions aujourd'hui une *sémantique générale*. La philosophie anglo-saxonne contemporaine du langage confirme ce rapprochement lorsqu'elle estime que la grande illusion de la métaphysique a été de se croire au sujet des choses alors qu'elle était à propos des mots, de sorte que la philosophie aurait toujours été un projet métalinguistique dissimulé sous le masque métaphysique. Toutefois, ce jugement qui procède d'une sorte de linguisticisme typique du XXe siècle (sur l'origine duquel nous reviendrons) accentue exagérément le pôle linguistique du savoir philosophique et néglige l'intime alliance du mot et de la chose qui caractérise la langue naturelle dans les ressources de laquelle le philosophe a toujours abondamment puisé, s'alimentant ainsi à *l'être-langagier-au-monde* et pas à quelque langage séparé du réel. Si le langage est naturellement ontologique, il était nécessaire que l'entreprise philosophique d'une ontologie explicite et générale, fondatrice de toute science, y puisât.

La science dite « moderne » s'est imposée progressivement contre le savoir logothéorique par la *mathématisation et l'expérimentation* (qui s'identifie à la médiation technique de la relation de l'homme au réel) qui sont *deux formes de l'opératoire*.

Cette intrusion centrale de l'opératoire – calcul et médiation technique – a été l'origine d'une mutation radicale de l'essence du projet scientifique. L'opératoire, nous le verrons longuement, est l'autre du regard et du langage. Le génie de Leibniz avait noté cette altérité lorsque, en une anticipation qui le place dans la proximité immédiate de notre contemporanéité technologique, il appela « *aveugle* » la pensée technique et calculante qui progresse, manipule et construit sans s'attarder aux intuitions de sens et de référence qui sont le séjour onto-logique de la pensée ou du langage « voyants » et « naturels ».

Mais le passage de la science logothéorique à la techno-science contemporaine ne s'est pas opéré de façon nette et rapide; d'une certaine façon, le processus de mutation n'est toujours pas achevé et toute cette étendue de savoir que l'on désigne ordinairement sous le nom de « science moderne » et dont on ne sait trop quels sont les contours exacts constitue une sorte de *mixte* dans lequel le logothéorique et l'opératoire s'enchevêtrent. L'idéal logothéorique du discours qui bouclerait la représentation vraie de l'essence de l'univers est demeuré très actif et a continué de gouverner la manière dont la « science moderne » et la techno-science contemporaine se sont réfléchies et rêvées. Ces rêves logothéoriques qui émanent directement de l'essence même de l'homme attirent le mathématique du côté du logos (les mathématiques seraient un « langage », seraient « ontologiques ») et circonscrivent l'intervention technique comme une médiation provisoire et accessoire, destinée à être levée par la formulation discursive et théorique de la science pure.

La forme la plus achevée de la confusion du logothéorique et de l'opératoire (sous le signe et le primat du premier) est livrée par la définition, courante aujourd'hui, de la science comme projet de « maîtrise symbolique de la réalité ». On y retrouve la griffe de l'opératoire puisqu'il s'agit de « maîtriser » et donc d'un pouvoir opérateur, œuvrant, mais cette opérativité se trouve en quelque sorte émasculée par le fait qu'elle se satisfait d'être symbolique et donc seulement logo-théorique : contemplative et discursive. Il y a ici un renversement ingénieux qui rend possible une inscription bénigne de la technique : l'essentiel et la source resteraient la *pensée* calculante et objectivante dont l'action technicienne ne serait que la conséquence ou la dérivée sous la forme, par exemple, de la « science appliquée ». Ainsi, la technique ne serait que l'effet extérieur d'une mutation de la pensée animée par une volonté de puissance et de maîtrise universelles. Dépourvue d'autonomie et de signification propre, la technique s'identifierait aux effets de surface, sans aucun doute spectaculaires mais néanmoins négligeables pour ce qui est de l'essentiel, d'un fourvoiement du logos, dont Heidegger a noté les détours (Platon, Descartes, Nietzsche), et que seul le logos – une alliance renouvelée du signe, du regard et de la valeur – serait à même de remonter et de redresser.

8. L'ÉMERGENCE PHÉNOMÉNO-LOGIQUE DE L'ESSENCE LANGAGIÈRE DE L'HOMME

Ce que l'on vit, ce avec quoi l'on coïncide, ce que l'on exerce naturellement *n'apparaît pas comme tel*. Toute apparition suppose un dédoublement, une mise à distance qui est aussi « étrangement ». Durant des millénaires, l'Humanité a coïncidé avec sa nature logo-théorique et axio-logique, produisant du sens et de l'être aussi spontanément que la nature engendre la vie. L'histoire, la diversité évolutive des cultures sont les produits nuancés et grouillants de la croissance naturelle du sens à travers l'Humanité, de la métamorphose inlassable du temps et de l'espace.

Éprouvée du dedans, la relation langagière à ce qui est et à ce qui advient *n'*apparaît *pas* comme médiation linguistique : elle est immédiate et transparente disposition de l'être et du sens. Naturellement, l'homme est dans le sens et dans l'être comme le poisson est dans l'eau : l'histoire et la culture sont le milieu symbolique où son essence respire.

La question « Qu'est-ce que l'homme ? » n'est devenue que récemment la question centrale de la philosophie. Si cette nouvelle centration, qui correspond à la focalisation de la philosophie sur les grandes dimensions de l'être de l'homme (le sens, la valeur, l'histoire, le langage), est contemporaine du développement de la science moderne, ce n'est pas là hasard ni rencontre contingente. C'est, en quelque sorte, sous la poussée de l'altérité qui travaille la science « moderne » et plus vigoureusement la techno-science, qu'il y a eu progressive émergence et insistance de cela qui jusque-là était resté latent. Le courant philosophique qui a été le plus sensible et qui a mené le plus loin ce processus d'émergence est la *phénoménologie* considérée, de Heidegger à Gadamer, dans son devenir *herméneutique*. Au lieu d'exercer son essence et d'alimenter son discours au vif de l'alliance du signe, de la valeur et du regard, le philosophe désormais *dit* cette essence et cette alliance. Au lieu d'écrire ou de réécrire l'Histoire, il dit l'Historicité ; au lieu d'imprimer à la culture et au monde de nouvelles couleurs, il dit la nature culturelle de l'homme et la mondanéité ; au lieu d'inventer du sens nouveau et de nouvelles valeurs, il dit que l'homme est l'être du sens, le vivant voué au choix. Au lieu, enfin, de pratiquer l'ontologie, il dit l'onto-logie, la vocation réciproque et entrelacée de l'être et du langage. Cette alliance s'énonce dans le mot *phénoméno-logie* lui-même tel que Heidegger l'a défini au début de *Sein und Zeit*, c'est-à-dire au commencement d'un cheminement qui, parti pour dire le Sens de l'Être, évolua, comme poussé par une nécessité interne, vers l'aveu et la répétition infinie (non tautologie mais variation langagière sur le même) de cette alliance en écho, de cette correspondance ou de ce chiasme de l'être et du langage qui fait l'homme. Telle est la portée du trajet qui va de l'ontologie à *la phénoméno-logie entendue comme émergence langagière de la nature langagière de l'homme*.

Déjà Heidegger désignait comme herméneutique cette phénoménologie du Dasein qui aurait dû mais qui ne pouvait pas (si elle restait fidèle à elle-même) déboucher sur une authentique ontologie. L'identité herméneutique du philosophe contemporain s'achève dans la pensée gadamérienne. En une espèce de *métaphore philologique généralisée*, celle-ci répète l'universalité du rapport herméneutique qui à l'origine est une relation philologique au texte. Dans la mesure où le temps est histoire, l'histoire tradition et la tradition essentiellement langagière, la philosophie accomplira sa tâche en explicitant toujours à nouveaux frais la relation herméneutique ou dialogique à l'histoire, à la tradition, qui constitue notre historicité. Mais cette explicitation, ce ressassement de la temporalité dialogique de l'homme *n'est pas* assomption de l'histoire : elle bloque le dialogue historique et l'herméneutique des cultures sur l'aveu inlassable de l'herméneuticité dialogique. Dire l'essence du dialogue n'est pas dialoguer.

Devenue herméneutique, l'ontologie phénoméno-
logique connaît un blocage parallèle sur la répétition
illimitée et explicitatrice de notre rapport herméneutique
à ce qui est. *Au lieu d'interpréter le réel, l'herméneutique
philosophique répète que nous sommes voués à
l'interprétation du réel.*

Au bout de ce parcours d'émergence langagière de
l'essence langagière de l'homme, *il n'y a plus que du
langage* – sous l'une ou l'autre forme – *toujours et partout*.
Dès lors, l'homme se trouve comme *expulsé de l'exercice
de son essence* car le langage a cessé d'être cet organe
souple qui nous reliait à cela qui n'est pas langage : le
temps et le réel. Dans l'achèvement herméneutique de la
phénoménologie, le temps n'est plus qu'un discours, une
narration ou un dialogue ; l'espace s'est fait texte et l'être
des choses ne se livre plus que dans l'écoute du langage.
En ce point extrême qui se donne à lire dans l'inflation du
langage dans la philosophie contemporaine, la signifiance
a tout envahi et la référence n'est plus nulle part.
Dissociée, la synthèse de la signifiance et de la référence,
libère la signifiance comme pur jeu du langage auquel le
Temps et l'Espace sont identifiés. Cette libération de la
pure signifiance ne peut que coïncider avec l'avènement
du non-sens absolu puisqu'elle est la négation même de
l'ancrage dans le Temps et dans l'Espace. Lorsque le
temps se fait pure discursivité et l'espace pure textualité,
l'homme ne rencontre plus que du langage toujours et
partout. Dès lors, le langage ne représente plus ce pont
essentiel par lequel nous étions au monde, mais une
prison. L'enclos éblouissant d'une essence qui est encore
la nôtre mais dont nous ne jouissons plus pleinement. Une
partie très considérable de la philosophie contemporaine,
anglo-saxonne et, plus encore, franco-allemande se
complaît ainsi inconsciemment dans la prison dorée du

langage. Tel est le point d'aboutissement de l'émergence phénoménologique de l'essence langagière de l'homme.

Sur ce qui a mis ce processus en mouvement, nous ne donnerons ici que quelques indications. *Indirectement*, la philosophie aujourd'hui énonce que l'homme est poussé *hors de son essence*. « Pousser hors » ne signifie pas se situer en dehors, mais ébranler, empêcher une occupation pleine : l'homme est à la fois en lui-même et hors de soi. C'est pourquoi son essence langagière lui *apparaît* mais de façon *immanente*. Le ressassement phénoménologique-herméneutique exprime cet apparaître immanent qui ne peut être que répétition langagière de l'être-langage. *Qu'est-ce que cela* qui empêche l'homme de coïncider avec son essence, et qui trouble son séjour symbolique dans l'univers ? La réponse est : la *Technique* : le règne de l'opératoire, c'est-à-dire du non-signe, du non-regard et de la non-valeur.

9. L'INSCRIPTION SYMBOLIQUE ET ANTHROPOLOGISTE DE LA TECHNIQUE

Traditionnellement, l'homme n'a guère éprouvé de peine à inscrire la Technique dans l'ordre symbolique, à la placer à l'enseigne du signe comme un élément circonscrit du Monde, un aspect instrumental de l'Histoire et un moyen de réaliser des fins valorisées. Ainsi considérée, la Technique paraît partie intégrante de la culture. « La technique ne forme pas un système indépendant comme l'Univers ; elle n'existe qu'en tant qu'élément de la culture humaine »[1]. Le sens général de l'inscription de la Technique est *anthropologiste* et *instrumentaliste*.

---

1. L. Mumford, *Technique et Civilisation*, Paris, Le Seuil, 1950 (*Technics and Civilization*, 1934), p. 18.

L'évaluation anthropologiste de la Technique signifie que la valeur, le rôle ou le statut de celle-ci sont à comprendre à partir et en fonction d'une anthropologie, c'est-à-dire d'un discours théorique exposant la nature et les fins de l'Humanité. Certes, ce discours demeurera le plus souvent largement implicite et flou, mais il est tenu pour disponible et cette disponibilité, même imprécise, est rassurante.

L'anthropologisme s'accompagne d'une appréciation *instrumentaliste* de la Technique conçue comme prolongement des organes naturels de l'homme et permettant une meilleure adaptation et une maîtrise accrue du milieu. Ignorant les différences, cette conception instrumentaliste prétend s'appliquer au marteau aussi bien qu'à l'ordinateur compris comme une extension de l'organe-cerveau.

> L'Interprétation philosophique la plus commune [...] affirme qu'outils et machines sont des extensions de l'homme, des prolongements d'organes. L'idée apparut d'abord chez Aristote ; mais elle fait également partie des conceptions de la fin du XIX e et du début du XX e siècle [...] Dernièrement, elle a été élargie en vue d'inclure même les médias électroniques comme des extensions du système nerveux de l'homme (Mc Luhan)[1].

Cette représentation instrumentaliste désigne la technique comme ce dont il importe de rester maître afin de l'orienter vers le « bien » c'est-à-dire « la soumettre à des fins humaines »[2] ; elle est reconnue par Heidegger comme de sens commun.

---

1. P.T. Durbin (éd.), *Research in Philosophy and Technology*, vol. I, Greenwich (Conn.), JAI Press, Inc., 1978, p. 238.
2. L. Mumford, *Technique et Civilisation, op. cit.*, p. 18.

On la retrouve, en effet, partout et comme allant de soi. C'est encore elle qui a été réaffirmée, dans un cadre radicalement anthropologiste, aux récents « États Généraux de la science » : « Le danger pour l'humanité n'est pas que l'homme invente, mais qu'il ne maîtrise pas ce qu'il a créé ». Aussi la consigne est-elle : « Faire le point pour mettre la science au service de l'homme », et elle est à entendre comme une entreprise de (ré)insertion culturelle et sociale de la Technique, autrement dit comme *une tâche d'inscription symbolique du règne technique*.

Ainsi, l'homme serait-il l'être zoo-techno-*logique* : le vivant qui met la technique au service du logos, singulièrement de l'accomplissement de son propre logos. Il serait l'animal symbolique qui utilise des outils pour mieux aménager son séjour symbolique dans l'Univers ; très précisément, la technique n'aurait d'autre sens que l'amélioration de la condition matérielle de l'homme de telle sorte que celui-ci puisse jouir un jour de la plénitude de son essence sans souci des contingences (attachées à sa nature de vivant : l'homme n'était pas pur « logos ») qui jusqu'ici l'en détournent trop souvent. La technique au service de l'accomplissement du logos de l'homme, tel est le sens de l'estimation anthropologique.

Il est exceptionnel cependant qu'elle soit développée et explicitée si radicalement. C'est seulement dans le cadre d'une grande philosophie de l'Histoire – dont le marxisme offre le paradigme – que l'inscription anthropo-logique de la technique peut être déployée complètement. En général, le service anthropologique de la technique est accueilli beaucoup plus prosaïquement comme amélioration du bien-être matériel de l'humanité.

L'utilitarisme politico-économico-social et thérapeutique offre le cadre de justification et de référence le plus répandu de la Technique. Il reste valable pour les technologies, dites « de pointe », des manipulations génétiques (restauration de gènes défectueux, production industrielle de produits complexes par des micro-organismes manipulés, amélioration des espèces de culture et d'élevage, etc.) à la cybernétique et à l'informatique (gestion des affaires et de la société, pédagogie, banques de données médicales, intégration des sous-systèmes, etc.).

L'idéologie humaniste du progrès remonte haut et demeure extrêmement vivace en dépit des soupçons ou des réserves nés depuis peu à propos du bien-fondé de la croissance techno-scientifique. Cette idéologie remonte aux débuts de la science moderne : Descartes et F. Bacon déterminaient déjà la finalité de la science comme maîtrise de la nature en vue de l'amélioration des conditions d'existence et du mieux-être général de l'espèce humaine[1].

Plaidant en faveur d'un Ministère de la science et de la technique, M. Debré proclamait naguère : « La science est une nécessité de la vie sociale. Augmenter le pouvoir de l'homme, c'est diminuer sa peine et lui permettre des loisirs »[2].

Aux États-Unis ont été mises au point des techniques d'évaluation économique, politique et sociale, de toute nouvelle percée technologique. Il s'agit du « Technology Assessment » visant à prévoir et à estimer les conséquences des possibles technologiques en

---

1. *Cf.* H. J. Meyer, *Die Technisierung der Welt, op. cit.*, p. 52 *sq.*
2. Cité par B. Gille, *Histoire des techniques*, Paris, Gallimard, 1978, p. 1379.

fonction de la situation existante et d'un projet de société et d'humanité donné. Le « Technology Assessment » devrait faciliter l'insertion sociale, politique, économique et *culturelle* des techniques nouvelles en prévenant les risques de développement incontrôlé [1].

Le niveau philosophique de l'idéologie humaniste du progrès technique est généralement médiocre et tributaire d'un pragmatisme matérialiste hédonistique trop souvent simpliste : plus de loisirs, moins de travail, plus de confort, moins de maladies, plus de consommation, moins de contraintes matérielles…

En réalité, la portée et le sens profonds de l'inscription symbolique et anthropologiste de la technique est d'un autre ordre. Elle invite à comprendre la technique *comme l'instrument historique de l'eschatologie de l'humanité.* La technique libère l'homme pour le rendre à lui-même. Supprimant tous les obstacles qui s'interposent entre l'humanité et son essence et qui empêchent l'actualisation de celle-ci, la technique est le tremplin de l'entéléchie humaine. Au terme de la médiation, aussi nécessaire que provisoire, historico-technicienne, l'homme jouira pleinement de son être et de sa dignité. Qu'est-ce à dire ? Tout dépend bien entendu de ce que l'on place sous les termes « être » et « dignité » de l'homme. S'ils sont principalement corporels, la technique doit conduire à cette ère finale de jouissance et de licence annoncée par les slogans de la « civilisation de consommation et de loisirs » dont le caractère peu satisfaisant est implicitement reconnu par la nécessité (encore technique) d'organiser cette « civilisation ».

---

1. *Cf.* Derian et Staropoli, *La Technologie incontrôlée ?*, Paris, P.U.F., 1975.

En revanche, si on le pense philosophiquement, l'avènement, à la fin de l'histoire technicienne, de *l'imago de l'humanité* signifie que l'homme jouira alors pleinement et librement de son essence logo-théorique et axio-logique. Ici, des images se livrent d'une humanité contemplatrice, d'une société de dialogue et d'échange symbolique, d'un homme herméneute et poète, bref d'une *humanité par-faite source créatrice d'une infinie et libre production du sens.* Au terme de la maîtrise techno-scientifique du réel, le philosophe entrevoit, donc, l'alchimie heureuse et émancipée des jeux de l'alliance du signe, du regard et de la valeur.

La philosophie de l'Histoire, en raison même de son parti pris eschatologique, charrie une tentation théologique : la Fin des Temps a quelque chose de divin même lorsque le souci laïque domine. Aussi n'est-il pas rare de lire que le rôle historique libérateur de la technique est la force sécularisée d'un messianisme que l'époque a transféré du ciel vers la terre. J.J. Salomon écrit : « Le Siècle des Lumières prolonge l'utopie technique en une vision messianique »[1] ; J. Brun : « Le transfert ontologique a conduit à une divinisation de l'homme accompagnée d'une socialisation de Dieu, à une anthropologisation du Christ, à une angélisation de l'œuvre technique et politique, ainsi qu'à une sacralisation de l'histoire tenue pour ce tout au long de quoi se manifestent la parousie et la révélation de cet être auto-créateur appelé *homo faber* ou *homo politicus* »[2] et J. Ellul, « La technique est le dieu qui sauve »[3].

1. J.J. Salomon, *Science et Politique*, Paris, Le Seuil, 1970, p. 47.
2. J. Brun, *Les Masques du désir*, Paris, Buchet-Chastel, 1981, p. 10.
3. J. Ellul, *La Technique ou l'enjeu du siècle*, Paris, A. Colin, 1954, p. 131.

Il n'y a pas que l'angélisme ou le messianisme techniques. A la limite de l'évaluation anthropologiste sont également courantes et anciennes les conceptions selon lesquelles la technique fourvoie ou contrecarre l'eschatologie humaine, aliène l'homme au lieu de le libérer et de le restituer à lui-même. Il y a un *démonisme* de la technique. Si nous ne l'évoquons pas plus avant ici, c'est parce qu'il ne relève plus vraiment de l'évaluation anthropologiste. Certes, la technique est ici encore appréciée en fonction de l'essence humaine, mais *négativement* comme cela qui est contraire à la nature logo-théorique et axio-logique de l'humanité. L'évaluation négative qui assimile volontiers la technique au Mal absolu ou à l'œuvre du Démon, fait signe en direction d'une approche de la technique que ne circonscrit plus l'anthropologisme instrumentaliste.

L'inscription symbolique et anthropologiste de la technique ne signifie pas seulement que la technique serait *technologie*, c'est-à-dire historiquement subordonnée aux consignes d'un logos, d'un sens (celui de l'émancipation de l'essence de l'homme) et que sa fin, ce en quoi doit aboutir et se résorber la médiation technique historique achevée, serait encore et exclusivement de l'ordre du sens et du logos : l'alliance sans contrainte du signe, du regard et de la valeur. Ceci constitue en somme le *contenu* de l'inscription symbolique de la technique, ce que dit cette inscription : la technique est guidée par le sens en vue du sens.

Formellement, l'insertion de la technique dans l'ordre symbolique signifie qu'aujourd'hui une multitude de discours sont disponibles qui tous inscrivent la technique et pensent l'inscrire sans reste. L'inscription symbolique de la technique, sa prétendue *assignabilité* essentielle, gît dans le fait que, de tous côtés, des « logoi » (politiques, sociaux, esthétiques, théologiques, philosophiques, etc.) se pressent et encerclent la technique, l'insèrent dans la « culture », de telle sorte que *nous ne rencontrons jamais la technique* mais seulement des *techno-logies* : des discours qui ménagent à la technique une place et une justification symboliques : un sens. Anthropo-*logie* (la technique est un outil au service de l'homme), eschato-*logie* (la technique est le moyen historique de la réalisation des fins dernières), onto-*logie* (le statut de la technique est instrumental), épistémo-*logie* (la technique est au service du progrès du savoir)…

La forme et le contenu de l'inscription symbolique de la technique se confortent l'un l'autre et vont dans le même *sens*.

Si longtemps que règnent les techno-logies, la technique trouve une place bénigne dans l'Histoire et le monde : elle alimente plus qu'elle n'ébranle les métamorphoses du temps et de l'espace.

10. Le modèle marxiste
de l'anthropo-logie accomplie

K. Marx, le premier, a placé la technique au centre de l'attention authentiquement philosophique. Avant lui, la technique passait inaperçue, soit que le philosophe ne savait qu'en faire, soit qu'il la considérait comme quantité négligeable ou méprisable.

L'entrée en scène philosophique de la technique par le biais du discours marxiste présente tous les traits de l'évaluation anthropologiste lorsque celle-ci accède à une dignité philosophique réelle autrement significative que les discours socio-économico-politiques dépourvus de toute profondeur et de toute rigueur philosophiques. En quelques mots, K. Axelos résume les divers aspects de ce site anthropologique : « Cette pensée part de l'analyse et de la critique de l'aliénation de l'être de l'homme [...] et aboutit à la prévision technique de la réconciliation universelle, réconciliation de l'homme avec la Nature et sa nature [...] satisfaction plénière des besoins vitaux, le règne de l'abondance, le monde de la transparence de tout ce qui est et se fait. Cette (ré)concilation signifie : conquête du monde par et pour l'homme, déploiement illimité des forces de la technique »[1].

Quels sont, considérés point par point, les traits qui font du marxisme le modèle anthropologiste le plus accompli?

Premièrement, *l'identification du sens de l'Histoire au processus d'actualisation de l'essence humaine* : celle-ci est donnée au départ mais elle demeure latente, potentielle ou aliénée. Le futur est conçu comme l'à-venir accomplissant du passé. L'homme devient ce qu'il est. « La suppression de l'aliénation propre de l'homme permettra la réalisation de la *réintégration*, du retour de l'homme à lui-même. » – « L'homme réintégrera ainsi son être, sa nature, et son essence; il retournera à lui-même »[2] – « L'homme rejoindra donc son humanité totale, humanité qui ne s'est jamais encore pleinement manifestée; néanmoins, cette humanité de l'homme est la présupposition du dépassement de l'aliénation » – « Le mouvement de la remontée aux origines s'accomplit dans la direction de l'avenir »[3].

---

1. K. Axelos, *Marx, penseur de la technique*, tomes I et II, Paris, Minuit, 1961, t. I, p. 8.
2. K. Axelos, *Marx, penseur de la technique*, *op. cit.*, t. II, p. 80.
3. *Ibid.*, t. II, p. 82 et 85.

En deuxième lieu, *le moteur ou, en tout cas, l'adjuvant*
principal de ce parcours historique est la technique.

> « L'histoire n'est plus le lieu et le temps du déploiement
> de l'esprit absolu ; elle devient histoire du développement
> de la technique » – « L'homme fabrique des outils et
> son histoire se "fabrique" à travers le développement
> des armes de lutte »[1].
>
> « En résumé, dans le marxisme, l'humanité en tant que
> "species" se libère elle-même dans et par la technologie
> […] »[2].

Vu l'importance motrice reconnue à la technique,
on peut se demander si à propos du marxisme, il est
encore légitime de parler *d'une inscription symbolique*
et donc d'une subordination de la technique au logos.
Le marxisme n'apprend-il pas plutôt que c'est la
matière travaillée et donc l'infrastructure technique qui
commande subrepticement les couleurs de la culture et la
distribution idéologique des symboles dans le champ des
signes assimilé aux superstructures ?

> Le développement technologique de l'humanité, la
> base réelle, détermine son développement idéologique,
> la superstructure, c'est-à-dire le droit, la morale, la
> religion et l'art, la philosophie et la science[3].

Mais le *contenu* du discours marxiste ne doit pas
nous dissimuler *son opérativité symbolique effective.* Le
discours marxiste (qui est bien langage et théorie, signe,

1. K. Axelos, *Marx, penseur de la technique, op. cit.*, t. I, p. 36 et
p. 141.
2. E. Schuurman, *Technology and the Future*, Toronto, Wedge
Publishing Foundation, 1980, p. 298.
3. K. Axelos, *Marx, penseur de la technique, op. cit.*, t. I, p. 255.

regard et valeur) s'identifie bel et bien à une anthropo-
logie et à une eschatologie (voire à une ontologie) qui
récupèrent sans reste le règne technique. À travers le
discours marxiste, le symbole – et le logos – réinstaure son
autorité ultime (puisqu'il dit la vérité, le sens, la fonction,
l'importance de la technique) tout en reconnaissant
sans doute que des fractions très considérables de l'ordre
symbolique sont conditionnées par cela même qu'il
inscrit. Il convient ici de parler moins d'une distorsion
entre le contenu et la réalisation que d'une *ruse du
logos* : afin de mieux maîtriser son autre, il feint de lui
reconnaître d'une main une altérité et une autonomie,
une priorité même, qu'il s'empresse de lui ôter de l'autre
puisque cette autonomie et cette altérité sont *de facto*
symboliquement circonscrites par le discours marxiste qui
les inscrit dans les limites d'une Histoire pleine de sens (et
de « grâce ») que l'eschatologie (c'est-à-dire le regard et
le dire) marxiste anticipe. Même s'ils sont d'une certaine
façon immanents à l'Histoire et donc conditionnés par la
technique, les signes marxistes se révèlent en dernière
analyse souverains puisqu'ils énoncent le sens (et donc
la transcendance) de cette immanence. Il ne faut donc
pas s'y tromper : la reconnaissance de la technique dans
la philosophie marxiste n'a d'autre fin qu'une meilleure
maîtrise symbolique de la même technique.

Ceci se trouve corroboré lorsqu'on tente de préciser
ce que sera l'humanité accomplie à la fin de l'Histoire,
après que la maîtrise technicienne aura déroulé tous ses
effets libérateurs. *Qu'en est-il, c'est le troisième point, de
l'entéléchie marxiste de l'humanité ?*

Ne nous attardons pas sur la vision superficielle
(quoique certainement révélatrice) et vague, aimable

mais déconcertante d'indigence philosophique, d'une Fin de l'Histoire dévoilant une Humanité bucolique et un individu pâtre-poète [1].

Une indication plus sérieuse à propos du profil de *l'imago* humaine – lorsque celle-ci est pensée dans le prolongement cohérent de la logo-théorie que constitue tout discours philosophique, y compris le marxisme – suggère qu'en l'Humanité accomplie, chaque individu saura assumer sa *nature générique* [2]. Ceci signifie que *chaque individu coïncidera avec l'essence universelle de l'homme, c'est-à-dire avec le logos de l'homme.* On pourrait objecter qu'une telle réponse est purement formelle et théorique. Nous répondrons qu'elle est aussi la plus concrète et la plus précise lorsqu'il s'agit d'évoquer l'accomplissement d'un être qui a été donné au départ comme logo-théorique mais dans les conditions de l'aliénation et du destin historique d'une progressive émancipation et reconquête. Au terme de l'Histoire, l'humanité en chaque individu coïncidera avec l'essence logo-théorique de l'homme. Dire que l'homme est un être *générique* (en devenir de soi), veut dire que l'homme est voué à l'universel, à l'essentiel, au *logos* : il est l'être *théorique et symbolique* (en devenir de soi).

Enfin, quatrième indication, le modèle marxiste se caractérise par *l'ignorance ou le mépris à l'égard de tout ce qui échappe à la constellation Homme-Histoire-Monde-Sens, c'est-à-dire de tout dehors par rapport à l'essence logo-théorique et axio-logique de l'homme.* Ainsi, la pré-histoire (précisément toute la durée géologique qui précède l'apparition de l'homme)

---

1. K. Axelos, *Marx, penseur de la technique, op. cit.*, t. II, p. 141.
2. *Ibid.*, t. I, p. 233.

n'a, philosophiquement, aucune existence, aucun statut ontologique ni la moindre valeur. « Marx, nulle part, ne pose explicitement le problème de ce qui "précède" l'activité humaine, le devenir-histoire de la nature. Le mouvement ontologique total et toute l'évolution de la nature, tout ce qui a conduit jusqu'à l'homme, reste en deçà de sa vision »[1]. L'Homme, l'Histoire, le Monde, le Sens commencent ensemble et tout d'un coup, et rien ne les précède. Rien signifie sans doute ici : rien qui soit de l'Homme, du Monde, de l'Histoire et du Sens ; mais c'est là le Tout de la philosophie et donc le Tout de l'Homme. Apparaissant sur le fond – gommé par la philosophie – de l'espace et du temps cosmiques, la constellation de l'Histoire, du Monde et du Sens, – trame de l'essence de l'Homme et fil du discours philosophique – se révèle encore une fois comme une sorte de prison, plus exactement : de demeure devenue prison onto-logique parce que le séjour familier y est impossible.

Le regard chargé de signes et de valeurs ne porte pas au-delà des murs de l'anthropo-logie.

11. L'INDIGENCE ANTHROPO-LOGISTE

Il ne s'agit pas pour l'instant de montrer l'insuffisance de l'inscription symbolique et anthropologiste de la techno-science – nous y viendrons longuement, mais de souligner l'indigence philosophique générale de l'anthropologisme, indigence qui affecte les évidences et les lieux communs socio-économico-politiques qui servent de pensée à l'Occident planétaire.

Cette indigence est d'abord celle de la paresse et de la confusion : l'anthropologisme régnant demeure

1. *Ibid.*, t. II, p. 74.

impensé, implicite, non articulé. Il se complaît – et de fait s'impose et survit le plus aisément – dans le vague général des évidences trop connues pour devoir être encore exprimées. Cette imprécision qui sert de couverture à toutes les incuries d'analyse, et à tous les simplismes concerne spécialement les représentations de l'Humanité accomplie. L'entéléchie de l'Homme se nourrit davantage d'images superficielles et de signes magiques (Société Transparente, Réconciliée, Humanité Poète, Monde des Loisirs et de la Liberté...) que de réflexion exigeante et systématique. Or, à une époque où les grandes mythologies philosophiques de l'Histoire (comme les marxismes) ont perdu beaucoup de leur crédit, à une époque où le futurologue sérieux reconnaît que même l'anticipation à très court terme est aléatoire, à une époque enfin où l'opacité et l'ouverture radicales du futur dénoncent la sérénité d'un « avenir radieux » de l'Humanité, *les cadres anthropo-logistes désuets continuent de fonctionner en arrière-fond et de servir sinon de guide en tout cas de prétexte ou d'excuse à l'action.*

Cette critique vise la carence du *contenu* de l'anthropologisme ou son défaut d'articulation et d'explicitation. Une misère philosophique plus essentielle affecte encore l'anthropologisme comme tel et en général : l'anthropologisme comme forme et pivot de la pensée philosophique, l'anthropologisme pourvoyeur des cadres les plus généraux et des fondements ultimes de la pensée. La crise anthropologiste de la pensée est un événement récent : il ne remonte guère au-delà de deux ou trois siècles, c'est-à-dire pas en deçà des débuts de la « science moderne ». *Naturellement*, aussi longtemps qu'il coïncide avec son essence, *l'homme n'est pas anthropo-logue mais cosmo-logue ou onto-logue ou encore théo-logue.* Le virage anthropologique est pris dès que l'être-au-monde-langagier est ébranlé sous l'effet de *quelque chose* qui pousse l'homme hors de sa demeure essentielle. Dès lors, au lieu d'exercer son essence de vivant parlant en articulant symboliquement son habitat cosmique, l'homme se fait anthropo-logue : il ressasse son essence au lieu de parler l'être, l'espace et le temps. Le destin anthropologique n'est pas l'effet d'un hasard ou d'un fourvoiement accidentel : il est une nécessité mais une nécessité susceptible d'être assumée à des niveaux extrêmement inégaux. L'anthropologisme régnant (qui coïncide largement avec l'idéologisation des « sciences humaines ») en est la forme la plus vulgaire ; l'émergence phénoméno-logique de l'essence langagière de l'homme en est l'accomplissement le plus rigoureux et le plus profond.

LA TECHNIQUE INASSIGNABLE

1. SCIENCE, TECHNIQUE ET TECHNO-SCIENCE

Traditionnellement, la science est un projet logothéorique très valorisé comme accomplissement éminent de l'essence contemplative et parlante de l'Homme. La technique appartient à un ordre inférieur d'entreprises ; elle est subordonnée et, au mieux, considérée comme « application » de la science. Cette subordination se reflète dans la structure hiérarchique du couple conceptuel theoria/technè.

Aujourd'hui, l'insignifiance, la contingence et l'infériorité de la technique dans la recherche scientifique sont totalement révolues. Il y a une *différence de nature* entre les techniques et les outils de jadis et la technique contemporaine. Si longtemps que, par aveuglement ou par parti pris, on ignore cette différence et qu'on cherche dans le passé les modèles du présent et du futur, ne voyant qu'une distinction de degré entre le silex taillé et l'ordinateur ou entre la pratique de l'élevage et les manipulations génétiques, on passe à côté de la spécificité irréductible de notre contemporanéité, spécificité qui pivote autour de la place incomparable occupée par la technique[1].

Le terme de « techno-science »[2] nous a paru le mieux convenir pour désigner l'entreprise en marche de ce qu'on appelle plus communément la « recherche scientifique » contemporaine, dont la technique (l'espace et le temps technicisés qui nous environnent de toutes parts) constitue le « milieu naturel » de développement et aussi le principe moteur.

« Techno-science » met en évidence deux caractères : *l'indissolubilité* des deux pôles théorique et technique-opératoire ; le *primat ultime* de la technique sur la theoria.

De la liaison intrinsèque, du véritable enchevêtrement de la technique et de la science, il y a aujourd'hui de très nombreux témoignages, quasiment un *consensus* que le philosophe allemand Ropohl résume en écrivant que la première question kantienne « Que puis-je savoir ? » est aujourd'hui essentiellement liée à la question « Que puis-je faire, fabriquer ? »[3]. Toutefois, la reconnaissance d'une dimension technique essentielle du projet scientifique théorique ou même de la solidarité indissoluble du

---

1. La plupart des auteurs qui ont retenu la technique comme l'un des foyers de leur réflexion reconnaissent cette irréductible nouveauté. « La technique n'est pas aussi vieille que l'homme » écrit H.J. Meyer (*Die Technisierung der Welt*, p. 134).

2. Ce néologisme, qui nous paraît d'un usage élégant, est latent chez bien des auteurs qui parlent de « Science-technique » (Bachelard, B. Gille ; W. Barrett : « Le trait d'union dans l'expression "Science-technology" indique un lien essentiel », *The Illusion of Technique*, p. 202). J. Ellul utilise quelquefois l'adjectif « techno-scientifique » (par ex. dans J. Ellul, *Le Système technicien*, Paris, Calmann-Lévy, 1977, p. 141).

3. *Cf.* « Technik – ein Problem der Philosophie ? », *Philosophia Naturalis*, 4, 1981.

théorique et du technique n'implique nullement
l'assertion d'un quelconque primat.

L'attestation de celui-ci comporte que l'on reconnaisse
dans la technique à la fois la source, le moyen et la cible
de la recherche scientifique contemporaine.

La technique moderne « constitue le ressort et le
secret du développement scientifique »[1].

« La science d'aujourd'hui est opérationnelle;
cela signifie qu'elle considère chaque énoncé comme
essentiellement relatif à de possibles expérimentations ou
à des processus observables »[2].

« L'outil est un acteur privilégié dans l'avancement
des sciences. À la fois, conséquence et cause des
découvertes techniques et de nouveaux concepts »[3].

Non seulement ce qui croît visiblement autour de nous
comme la sécrétion constante de la techno-science est ce
milieu technique devenu un véritable univers technicien
– un *technocosme* – mais en outre *l'accès à l'autre
univers*, celui de la nature qui reste en principe la cible
de la recherche scientifique est entièrement médiatisé par
des relais techniques, qu'il s'agisse de l'astrophysique
ou de la microphysique, des recherches en génétique ou
en neurologie. La motivation de la recherche scientifique
elle-même tend à devenir de plus en plus souvent
technicienne : « Pour inventer quelque chose de nouveau,
on détermine le niveau scientifique nécessaire et l'on
en arrive à la recherche fondamentale pour trouver une
solution à un problème technique »[4].

1. K. Axelos, *Marx, penseur de la technique, op. cit.*, t. II, p. 61.
2. E. Schuurman, *Technology and the Future, op. cit.*, p. 203.
3. F. Gros, F. Jacob, P. Royer, *Sciences de la vie et société*, Paris,
Seuil, 1979, p. 149.
4. B. Gille, *Histoire des techniques, op. cit.*, p. 75.

Tout ceci, J. Ellul l'avait déjà compris voici trente ans et il le confirme encore aujourd'hui : « C'est en effet là le dernier mot : la science est devenue un moyen de la technique »[1] – « La technique est en amont et en aval de la science mais en plus, elle est au cœur même de la science, celle-ci se projette et s'absorbe dans la technique, et la technique se formule dans la théorie scientifique »[2].

La reconnaissance de la nature opératoire de la techno-science entraîne le retrait des questions logothéoriques et ontologiques relatives au sens, à l'essence ou à la référence au profit d'interrogations purement opérationnalistes. On ne demande plus « Quelle est la nature ou l'essence ou la signification de…? » mais « Quelle est la fonction de…? », « Que peut-on en faire? », « Comment cela fonctionne-t-il? », « Comment cela est-il produit? ». Une forme extrême de cette tendance est lisible dans la *grammaire générative* qui considère le langage (et donc le logos, le siège même du sens) comme un ensemble d'énoncés techniquement engendrés ou produits par une « compétence linguistique » assimilable à un automate et par des procédures analogues à un calcul. *La grammaire générative est l'expression la plus achevée du remplacement de l'essence langagière et théorétique de l'homme par son autre opératoire.*

L'investissement du logothéorique par l'opératoire est multiple. La théorie elle-même est conçue comme un outil ou un instrument pour l'action et la transformation de l'expérience. La nature ou la structure de la théorie se font de plus en plus exclusivement *mathématiques* tandis que les corrélats des concepts résiduels ne sont plus des

---

1. J. Ellul, *La Technique ou l'enjeu du siècle, op. cit.*, p. 8.
2. J. Ellul, *Le Système technicien, op. cit.*, p. 141.

objets référentiels mais des groupes d'opérations de telle sorte que le « réel » visé n'est plus ontologique mais lui-même opératoire : *est réel ce qui est (re)productible, manipulable, transformable et non plus le visible, l'intelligible ou le compréhensible*[1].

L'importance inéluctable de la technique et le renversement du couple théorie/technique produisent de curieux effets et des tentatives diverses de rétablissement.

Tout en soulignant que l'intervention de plus en plus insistante de la technique commence avec la science moderne[2], B. Gille fait de la liaison science-technique un véritable leitmotiv de son *Histoire des techniques*, la découvrant au cœur même de l'Antiquité : « Archimède représente bien l'idéal technico-scientifique de l'École [...] La technique est véritablement l'inspiratrice de ses travaux théoriques »[3]. Dans le même ouvrage, F. Russo réclame au-delà d'une histoire des sciences et d'une histoire des techniques, avant tout une histoire de leurs échanges[4]. L'intérêt de ces nouvelles recherches historiques est indéniable et contribue assurément à jeter de fécondes lumières *sur le passé*. Mais il ne faut pas perdre de vue que c'est une lumière qui *vient du présent*. Vu l'importance actuelle de la Technique et le mépris général dont celle-ci a pâti antérieurement dans l'Histoire, la tentation apparaît de tomber dans l'excès inverse qui consiste à surévaluer l'importance de la

---

1. « La nature est ce que je produis dans mon laboratoire, dit un physicien moderne », J. Ellul, *Le Système technicien, op. cit.*, p. 141.
2. B. Gille, *Histoire des techniques, op. cit.*, p. 1452 *sq.*
3. *Ibid.*, p. 337. Et à propos de Philon de Byzance : celui-ci pensait que « la science était l'un des outils, et non le seul, indispensables à la technique », *ibid.*, p. 347.
4. *Ibid.*, p. 1111.

Technique de jadis et les rapports qu'elle nouait avec
le projet scientifique, surévaluation qui est aussi fausse
que l'ancienne ignorance car elle tend automatiquement
à gommer ou en tout cas à édulcorer sérieusement les
différences entre le passé et le présent. L'aboutissement
de ce processus serait l'invitation à lire de nouveau dans
le passé (l'origine, la genèse, l'Histoire) les modèles et la
signification du présent *et* du futur qui ne différeraient du
passé que par le degré ou l'intensité : quantitativement,
mais non essentiellement ou qualitativement.

Peut-être Heidegger a-t-il accompli de la façon la plus
magistrale ce geste d'annexion du passé par le présent
suivi d'une réduction de celui-ci à celui-là (pour ce qui
est de l'essentiel). Heidegger commence par souligner lui
aussi l'importance incontournable de la technique pour la
science contemporaine et la spécificité de cette technique
par rapport aux techniques artisanales[1]. Mais on
apprend rapidement que, en dernière analyse, les projets
scientifiques – théoriques et techniques – ne sont pas
fondamentalement distincts, que dès la pensée grecque
classique (au moins), « la détermination du connaître
comme attitude "théorétique" se produit déjà à l'intérieur
d'une interprétation "technique" de la pensée »[2]. Rien de
nouveau donc sous le soleil. De plus, la vérité conjointe
du technique et du théorique, du présent et du passé se
révélera au fil d'un *discours* : la parole heideggérienne
évidemment,   c'est-à-dire   la   phénoménologie
herméneutique que nous avons nous-mêmes interprétée

1. *Cf.* par exemple, « La science moderne se fonde sur l'essence
de la technique », *Qu'appelle-t-on penser ?* Paris, P.U.F., 1967, p. 235.
2. M. Heidegger, *Lettre sur l'humanisme*, Paris, Aubier, 1964,
p. 31.

comme une forme extrême de réaction de la pensée
philosophique à l'univers techno-scientifique.

Toutes les tentatives, quelle que soit leur subtilité, de
rapprochement entre le présent et le passé sont des essais
de *réinscription du technique dans le symbolique qui
gomment l'altérité du technique et du présent-futur par
rapport aux logothéories et aux axiologies du passé*. Ce
sont là des réflexes très naturels et rassurants mais qui
n'aident en rien, tout au contraire, à une saisie appropriée
de notre contemporanéité technicienne.

En réalité, la double clé opératoire de la techno-
science associe la *technicisation de l'expérience* et
la *mathématisation*. L'une et l'autre sont étrangères
à l'alliance du signe et du regard (et, nous le verrons
plus tard, de la valeur) et éloignent l'homme de son
séjour symbolique dans l'univers. La technicisation de
l'expérience correspond à la substitution de l'expérimentation techniquement et mathématiquement structurée
qui provoque des événements, à l'expérience naturelle
sensible qui était comme une *lecture respectueuse des
choses*. Elle correspond aussi au remplacement, pratiquement achevé, du milieu naturel par un technocosme,
de telle sorte que du sens commun (doxa) à l'acquisition
de la science (épistémè) toute « expérience du réel »
est devenue technologique. L'allégation par Heidegger
de la permanence d'un « Incontournable » de présence
et d'apparition sensibles et naturelles y compris dans
les démarches du physicien (les traces laissées sur les
photographies par les collisions de particules dans un
accélérateur, par exemple) [1] exprime le comble insensé

1. *Cf.* « Science et méditation », in *Essais et Conférences*, Paris,
Gallimard, 1958, p. 69.

d'une volonté de nier à tout prix cette technicisation radicale de l'expérience. Il va de soi, en effet, que nous ne nous rapportons absolument pas aux enregistrements techniques de l'expérimentation – enregistrements eux-mêmes destinés à un traitement mathématique et technique – comme nous pouvons encore, jusqu'à un certain point, nous rapporter aux phénomènes naturels – aux arbres, aux fleurs, au chant des oiseaux, à la rugosité d'une écorce, à la fraîcheur de la brume ou à la saveur d'un parfum – lorsque nous nous promenons dans la forêt. Il est évident que l'homme avec son équipement sensoriel et ses repères linguistiques continue de jouer un rôle dans le procès techno-scientifique *mais ce rôle n'a plus aucune commune mesure avec l'être-au-monde sensible et langagier* de l'homme naturel-culturel.

Lorsqu'on cherche contre le primat de la technique, à souligner qu'il y a toujours dans la science contemporaine un aspect inaliénable et capital de recherche dite « pure » ou théorique, on oublie de préciser que cette activité pure ou théorique est quasi exclusivement *mathématique*. Ou bien, reconnaissant cette nature mathématique, on en parle comme si les mathématiques étaient de l'ordre de la theoria et du langage. Il y a ici une confusion fondamentale qu'il convient de dénoncer vigoureusement : *les mathématiques ne sont absolument pas logothéoriques ni ontologiques au sens où nous avons introduit ces termes en relation directe avec la détermination de l'essence de l'homme.* Les mathématiques ne sont *pas davantage axiologiques*, c'est-à-dire de l'ordre de la valeur. Les mathématiques sont *opératoires*, c'est-à-dire manipulation. Manipulations de signes eux-mêmes opératoirement constitués, c'est-à-dire des signes *aveugles*, rebelles à toute intuition. La manipulation mathématique de signes est médiatrice de la manipulation et de la transformation des choses et non, comme le langage, de leur identification essentielle. Les équations physico-mathématiques fondamentales, comme par exemple l'équivalence entre la matière et l'énergie, ne nous disent absolument pas *ce qu'est* la matière ou quelle est la nature de l'énergie : elles indiquent seulement certaines transformations. Ni le sens ni l'essence ni la valeur des choses n'y sont révélés. L'identification logothéorique et axiologique de ce qui est est étrangère aux mathématiques. *L'homme n'est pas mathématiquement (pas plus que techniquement) au monde ni à lui-même ni aux autres*. Il ne les *comprend* pas en calculant.

Que notre rapport au réel n'est pas immédiat n'est assurément pas une découverte nouvelle en philosophie. Mais la médiation reconnue était celle de l'expérience, des sens, du logos, des symboles, des formes de la raison ou des structures du langage. Ce que nous découvrons aujourd'hui, c'est que cette médiation est *technique*, c'est-à-dire tributaire du *non-signe*, de l'autre du symbole, de l'autre du sens, de l'autre de la sensorialité : bref, la médiation de l'autre de la « lumière naturelle ». Tel est le point décisif et absolument neuf dont il faut prendre conscience.

L'allégation d'une prétendue dimension théorique de la techno-science contemporaine ne doit donc pas nous leurrer : cette théoricité est encore de l'opératoire mais de l'opératoire symbolique (avec « crayon et papier »). De plus en plus, cette opérativité-là se trouve d'ailleurs elle aussi prise en charge par *l'opérativité technique physique* : les calculs, y compris la conception, se font « assistés par ordinateurs ».

Dans la techno-science et le technocosme contemporains, le rôle du langage proprement dit (avec la plénitude de ses fonctions) est de plus en plus limité et dissocié entre *la pure extensionnalité* et *la pure métaphoricité* qui ne permettent ni l'une ni l'autre une authentique relation ontologique de sens. Pure extensionnalité : là où les noms conventionnels (d'appareils par exemple, ou de matières) n'offrent rien de plus que des prises, des points d'engrenage pour des manipulations techniques, ou des transformations mathématiques. Pure métaphoricité : là où l'on parle d'atome, d'onde, de particule, de couleur, de trous noirs, d'effet tunnel ou de naine blanche... Pure extensionnalité, pure métaphoricité ou pure référence et pure signifiance... Le langage humain est dans l'alliance équilibrée de ces deux pôles. Leur dissociation est à la fois *un effet et une manifestation* du primat de l'opérativité technique, car *l'opératoire se coule aussi bien dans la pure extensionnalité du calcul logique que dans la pure rhétoricité de l'écriture.*

Au total, reconnaître la spécificité de la techno-science contemporaine et de son ressort opératoire exige que l'on mesure sa radicale étrangeté par rapport au langage (l'alliance du signe, du regard et de la valeur). La Technique ne voit pas et ne parle pas. Elle n'aime ni ne hait.

« La singularité essentielle de la science est sa méfiance à l'égard du discours » écrit G. Messadié. « La science ne pense pas », dit Heidegger, « Elle calcule ».

2. LA FIN DE L'ONTOLOGIE ET LA SECONDARITÉ
TECHNO-LOGIQUE DE LA PHILOSOPHIE

Pendant la première moitié du XXᵉ siècle, la philosophie a connu une transformation étonnante que nous avons globalement désignée sous le nom de « *secondarité* » et dont les deux faces complémentaires sont *l'impuissance ontologique et l'enfermement dans le langage*[1].

Cette secondarité a d'abord affecté de façon spectaculaire la philosophie anglo-saxonne qui se définit elle-même par rapport à un « linguistic turn » – un virage vers le langage – et à un nouveau partage : la science (éminemment la physique) s'occupe du réel ; la philosophie, secondairement, s'occupe du langage (spécialement, le langage logico-scientifique). C'est ce que nous avons appelé la *secondarité métalinguistique*.

Sur le continent, les choses se passèrent moins simplement. La phénoménologie, sous l'impulsion de Heidegger (relayé en France par Merleau-Ponty) résista au virage linguistique et tenta d'abord de sauver l'ontologie. Mais l'évolution de la phénoménologie (celle de l'œuvre de Heidegger d'abord et celle – inachevée – de Merleau-Ponty ; la radicalisation de la pensée heideggérienne par Gadamer) et de la philosophie française « post-phénoménologique » (le structuralisme, l'écriture) n'a pas sanctionné de succès ce renouveau ontologique, bien au contraire. La phénoménologie s'est faite de plus en plus herméneutique et a partagé avec le structuralisme et la philosophie française des

---

1. *Cf.* principalement nos deux ouvrages : G. Hottois, *L'Inflation du langage dans la philosophie contemporaine* et *Pour une Métaphilosophie du langage*, Paris, Vrin, 1981.

années 60 et 70 un goût immodéré pour le langage et les jeux illimités qu'il permet, exploitant exclusivement les incitations rhétoriques des mots et herméneutiques des textes, sans davantage se préoccuper encore d'un « hors-langage ». Ce destin complexe et ambigu, fait de résistances tournées vers le passé et de fuite en avant, nous l'avons appelé la *secondarité adlinguistique*, soulignant ainsi que la philosophie relevant de cette orientation se situe toujours en marge (de discours, de textes, de mots) mais latéralement et non en surplomb (comme c'est le cas dans la secondarité métalinguistique).

Cette situation – que nous nous contentons ici d'évoquer, l'ayant longuement analysée et illustrée ailleurs – appelle plusieurs remarques.

Pour commencer, le partage anglo-saxon qui voue la philosophie à l'analyse du langage, l'affecte en définitive à un *destin techno-logique*. Le philosophe y devient un spécialiste, un technicien d'un domaine particulier : le langage, plus précisément le langage de la science. A la limite – et ce rêve fut bien celui du néo-positivisme – la philosophie devrait se résorber dans la logique et dans la linguistique. Aujourd'hui encore, le rabattement sur l'analyse et la construction logico-linguistique imprègne une part considérable de la philosophie anglo-américaine. *Cette philosophie-là est sur la voie de l'intégration dans le procès techno-scientifique et dans le technocosme* au sein duquel elle assure une fonction définie. Elle use d'un langage foncièrement technique. Elle se veut effective, opérationnelle, c'est-à-dire productrice de résultats, constructiviste et progressive. Sa proximité par rapport à la logique, aux sciences du langage et aux techniques de la communication accentue ses complicités techno-scientifiques. Dans la mesure où elle reste cependant philosophie, son intégration dans le système technicien n'est ni ne peut être parfaite et ses partisans auront toujours beau jeu d'accentuer les résidus logothéoriques repérables pour arguer de ce qu'elle est authentiquement *philosophie*. Il n'empêche que la réduction de la libre réflexion philosophique (dont le site propre ne peut être que le langage naturel) à l'analyse et à la construction métalinguistiques appuyées sur l'usage d'un vocabulaire technique logico-linguistique peut être interprétée comme une forme de l'annexion techno-scientifique de la philosophie sur la voie de la liquidation pure et simple de celle-ci.

Mais le partage anglo-saxon ne s'est pas révélé plus favorable à la sauvegarde de l'ancienne puissance ontologique sur le flanc de la science. Ceci est évidemment une conséquence de la nature foncièrement *opératoire et technicienne* de la « science contemporaine ». Le partage du « linguistic turn » remettait à la science et tout spécialement à la physique la tâche de dire ce qu'il en est du réel et donc de mener à bien l'entreprise logothéorique conduite jusque-là par la philosophie elle-même. Or, fondamentalement mathématique et expérimentaliste, la physique du XXᵉ siècle s'est révélée de moins en moins assurée de la pertinence référentielle – ontologique – de ses théories. On connaît le débat Einstein-Bohr et la polémique réalisme-opérationnalisme qui, plus ou moins tacitement, s'est soldée (bien qu'elle puisse toujours rebondir et rebondit en effet aujourd'hui[1]) par un consensus opérationnaliste que B. d'Espagnat appelle

1. *Cf.* exemplairement l'ouvrage de B. d'Espagnat, *A la Recherche du réel* (Paris, Gauthier-Villars, 1979) et notre mise en perspective de celui-ci dans « De l'ontologie au XXᵉ siècle », *Revue de théologie et de philosophie*, 114, 1982.

la « philosophie de l'expérience » et contre laquelle il entend réagir.

Pour le consensus opérationnaliste, la question du « réel indépendant, donné » et du rapport à la « réalité en soi » ne doit pas être posée par le physicien. La physique, mathématique et expérimentale (donc doublement opératoire), se limite à formuler, sous une forme mathématique, ce qui se passe lors de telle ou telle intervention technique. Elle se réfère donc exclusivement à des procédures techniques expérimentales et à la mesure et à l'enregistrement techniques de résultats d'interactions. La question de la *quiddité* (qu'est-ce que ? Quelle est l'essence de ?) lui est totalement étrangère. Elle (pré)dit (quantitativement) *comment* les choses se passent dans des conditions (techniquement et quantitativement) déterminées. Le physicien sait *comment transmuter* la matière, opérer la fission etc., mais la question de la *nature* de la matière ou de l'énergie n'est plus relevante. Et lorsqu'elle est tout de même abusivement posée, elle entraîne une réponse qui confirme l'opérationnalisme : la matière, c'est « cela » qui est « opérable », « opératoire » ; c'est « cela » qui réagit de telle ou telle façon mesurable lorsqu'on la provoque techniquement. Mais on ne rencontre jamais « cela » en tant que tel, on ne rencontre que des interactions, des réactions, des processus, des manipulations, des équilibres et des transmutations. La rencontre des « choses elles-mêmes » ou des « choses en tant que telles » qui confère aux choses leur *identité* et leur *sens* est la rencontre *logothéorique* (*thématisée* par la phénoméno-logie) au confluent de la signifiance et de la référence. C'est la rencontre naturelle-culturelle, proprement humaine, de ce qui est.

La mutation de l'ontologie en technologie sous l'impulsion de la techno-science contemporaine ne doit pas surprendre. Elle est, en réalité, l'effet d'une nécessité. L'entreprise ontologique est l'expression la plus accomplie de l'essence logothéorique de l'homme. Cela signifie que l'ontologie est solidaire d'une certaine « forme de vie » (l'homme, dont la différence spécifique réside dans sa relation langagière à l'univers) et d'un milieu (le monde naturel-culturel). Cette nature, qui est notre monde, et ces événements, qui font notre histoire, la physique les désigne quelquefois par l'expression « univers macroscopique » (c'est-à-dire à la mesure de l'homme). L'entreprise ontologique est absolument dépendante des rapports spécifiques que la forme de vie humaine noue au monde macroscopique. C'est cet espace et ce temps à sa mesure que l'homme habite par le langage et qu'il métamorphose selon le sens. Aujourd'hui, la techno-science nous tend une image selon laquelle l'univers macroscopique où nous existons n'est qu'effets de surface extrêmement complexes de processus et de constructions microphysiques (quantiques, atomiques, moléculaires) qu'elle – la techno-science – rencontre. Mais ces rencontres, parce qu'elles sont intégralement opératoires, ne nous permettent justement pas de parler d'un *monde* microphysique, d'un réel qui serait plus fondamental que les phénomènes où nous séjournons (et qui ne serait, dès lors, que des apparences). Le clivage métaphysique classique de l'apparence et du réel n'est pas légitime à propos de l'opposition entre le monde qui est le nôtre et les rencontres opératoires de la techno-science. Pour qu'il soit légitime, il faudrait que nous puissions nous rapporter symboliquement, par la puissance conjuguée de nos sens et de notre langage, à cela même qui est techniquement rencontré. Dans ces conditions seulement, la physique pourrait déboucher sur une nouvelle ontologie et pas seulement sur une technologie. Mais il nous est évidemment impossible de nous rapporter à cela que nous appelons par métaphore pure des particules, des ondes ou des champs, de la même façon que nous nous rapportons au monde qui nous entoure. L'homme ne peut pas se rapporter de façon culturelle-naturelle aux processus qu'il ne rencontre et ne rencontrera jamais que techniquement et mathématiquement. *De là procède le grand silence ontologique induit par la physique contemporaine.* Ce silence n'est que l'expression logothéorique (c'est-à-dire l'impossibilité de toute logothéorie) de la nature purement opératoire (aveugle et muette) de la techno-science. La rencontre opératoire n'est pas une source possible d'ontologie, justement parce qu'elle est opératoire, c'est-à-dire non langagière et non théorique. Toute transgression du silence ontologique de la physique ne peut être que métaphore, rhétorique ; l'abus étant toutefois plutôt un abus *du* langage qu'un simple abus *de* langage. En dernière instance (comme si la vérité mystifiée renaissait toujours en une insistance indirecte et inattendue, oblique), la *rhétoricité* même de ces évocations métaphoriques et analogiques rend justice *de facto* à l'opératoire que l'on croyait avoir évincé : la rhétorique n'est-elle pas du côté de l'opératoire encore, et de la technique ?

Les développements qui précèdent ont été commandés par des réflexions relatives au partage anglo-saxon : à la philosophie, le langage ; à la science, le réel. Nous avons dit que, sur le continent, la secondarité de la philosophie est adlinguistique (le dernier Heidegger, Gadamer, le dernier Merleau-Ponty, Derrida, Lacan, etc.). Les pratiques adlinguistiques sont le point d'aboutissement d'une réaction première *contre* la secondarité et tout spécialement contre le partage anglo-saxon, réaction soucieuse de sauver les prétentions ontologiques de la philosophie et de minimiser voire d'ignorer les insistances de l'opératoire dans l'univers contemporain. Or, ce point d'aboutissement sanctionne en réalité, exactement l'inverse de cette intention logothéorique originelle. Quels sont les effets, les traits saillants des pratiques adlinguistiques de la philosophie ?

D'abord, l'*a-référentialité* et donc du même coup l'aveu de l'impuissance ontologique la plus absolue. La synthèse du sens (référence et signifiance) étant dissociée, ces discours s'alimentent aux jeux purs de la signifiance qui sont jeux de langage sans plus assumer nulle part de référence à un hors-langage.

Deuxième trait : le caractère *opératoire pur*. Ceci n'est surprenant qu'à première vue. Dès que le langage cesse d'être ontologique et référentiel, il tend fatalement à s'identifier à une discursivité purement opératoire, exploitatrice de tous les enchaînements sémantiques et morphologiques (diachroniques et synchroniques) possibles. Les philosophes reconnaissent d'ailleurs indirectement ce caractère exclusivement opératoire lorsqu'ils soulignent – et ils le font tous – le caractère *pratique*, actif et effectif de leur exercice de la philo-sophie. Le second Wittgenstein cherche à dissoudre ou à défaire les nœuds métaphysiques du langage ; Heidegger entreprend une œuvre de « destruction » du passé métaphysique ; Derrida parle de « déconstruction » et accentue le caractère stratégique de l'écriture... Or, en prenant pour cible la métaphysique, ils s'attaquent en fait aux synthèses logothéoriques les plus magistrales du passé. Somme toute il apparaît qu'ils font le jeu, mais inconsciemment, du primat de l'opératoire et de la dérive logothéorique. Les complicités technologiques des pratiques adlinguistiques apparaissent encore dans l'accentuation du *signifiant*, c'est-à-dire de la matérialité (généralement graphique) du langage qui ne se laisse plus oublier pour laisser être-au-monde l'homme parlant ; dans l'affirmation de *l'in-finité* de leurs pratiques ; dans l'exploitation enfin, sensible aussi bien chez Heidegger que chez Derrida ou Lacan (bien que selon des « styles » très divers) de la *rhétoricité* expresse ou latente du langage. *Les pratiques adlinguistiques de la philosophie manifestent ce que l'ancienne entreprise ontologique devient à l'époque du primat du technique-opératoire et au sein d'un technocosme dont le philosophe affecte de ne rien savoir.* Mépris, ignorance ou peur qui se retournent contre lui puisqu'il se retrouve, en dernière analyse, complètement conditionné, sans s'en rendre compte, par cela même dont il ne voulait rien savoir. Notre thèse est en effet que *les pratiques adlinguistiques sont le mime spéculatif de l'opérativité pure.* Elles « ne veulent plus rien dire » ni « ne parlent de quelque chose ». Ou alors si l'on veut leur accorder tout de même un sens et une référence, on dira qu'*elles ressassent, en un geste d'autoréférence infiniment répété et nécessairement métaphorique, l'opérativité adlinguistique qui les constitue.* Conformément à sa nature, l'opérativité ne se nomme ni ne se désigne : elle se pratique. Voilà pourquoi toute auto-saisie de l'opérativité adlinguistique ne peut être qu'abusive, c'est-à-dire manquée, impropre, ratée et à recommencer à l'infini. La philosophie adlinguistique se confond, ultimement, avec cet éternel recommencement d'une tentative de saisie de l'opérativité technicienne à partir de la négation logothéorique de la réalité de cette opérativité. *Au lieu d'utiliser le langage pour évoquer la techno-science et le technocosme qui font l'univers où il vit désormais comme un étranger, le philosophe déploie un discours qui forclot radicalement cet univers mais qui du même coup se trouve complètement aliéné à cet univers et forcé de le contrefaire dans des logothéories sans voix ni regard, sans référence ni vouloir dire, masques creux de l'opératoire.* Dans les pratiques adlinguistiques, c'est l'essence même de la technique qui agit dissimulée sous les guenilles du symbole et du spéculatif, c'est-à-dire sous le masque de son autre (le logothéorique) qu'elle investit en même temps subrepticement et totalement, le vidant de toute substance. Autrement dit, nous sommes avec ces pratiques philosophiques en présence de *techno-logies au sens peut-être le plus propre de ce terme : des exercices purement opératoires mais qui se déroulent dans la chair ontologique du langage.*

Le processus de déracinement de l'humain – qui correspond aussi à l'émergence de l'essence langagière de l'homme bouté hors de son habitat symbolique de l'univers – commence par s'exprimer dans la phéno-ménologie et s'achève dans les techno-logies aveugles de la philosophie secondaire adlinguistique. La prolixité illimitée de cette philosophie n'est que le revers de son impuissance à dire et à reconnaître le secret de son impuissance : la réalité universelle de la technique qui a brisé la demeure symbolique de l'homme et du même coup le privilège du philosophe, souverain déchu de cette demeure. La seule issue pour le philosophe consiste à reconnaître son aliénation comme un étrangement *dans*

l'univers technicien. Pour cela, il lui faut affronter cet
univers, tenter d'en parler comme de la réalité dans
laquelle il vit et meurt désormais. A ce prix seulement,
il parviendra à casser la fatalité qui le contraint à mimer
dans son discours – comme en un exorcisme ou un
simulacre impuissant – cette réalité technicienne dont il
ne voulait rien savoir.

3. LA TECHNIQUE N'EST PAS DE L'ORDRE DU SYMBOLE

L'être-au-monde symbolique laisse être le monde
tel qu'il est, il ne bouscule pas les choses ; le symbole
ne rompt pas le paysage, ne consomme pas la forêt, ne
manipule pas le vivant ; il donne sens, organise, finalise.
La relation symbolique à la nature n'altère pas celle-ci.
La relation technique est manipulation, intervention
physique, refonte. A l'ordre naturel, elle substitue physiquement un autre ordre et un autre dynamisme qui, au
mieux, encercle l'ordre naturel, le canalise ou l'englobe.

Contrairement à ce que répète une idéologie fort
répandue qui tente en fait de nier la réalité et la spécificité
de la technique, celle-ci n'est pas influencée par l'ordre
symbolique. Entendons-nous : il est évident qu'une idéologie, un courant d'opinion, un programme politique
ou un débat parlementaire (c'est-à-dire un flux orienté
de signes) peuvent freiner ou encourager la croissance
technique et même jusqu'à un certain point orienter
cette croissance. Nous analyserons plus loin cette dialectique du signe et de la technique. Mais cette action
du symbolique reste extérieure à la technique qui est
partout la même quelle que soit l'idéologie environnante.
Partout, la solution technique d'un problème technique
est la même : il n'y a pas quelque chose comme un style

symbolique qui affecterait essentiellement la solution technique. La technologie du laser, de l'énergie nucléaire, des manipulations génétiques, etc., ne varie pas de l'Est à l'Ouest, de la Chine communiste au Japon ou à l'Inde... Le développement inégal de ces technologies est une autre affaire. La technique *en tant que telle* – la technicité – n'est pas dépendante de l'idéologie, ou du milieu culturel.

La différence de nature entre l'ordre technique et l'ordre symbolique[1] devient particulièrement sensible lorsqu'il s'agit de se rapporter non à la nature mais *à l'homme*. Le cas de la psychanalyse illustre exemplairement cette différence. L'analyse tient en un traitement exclusivement symbolique (et d'ailleurs essentiellement langagier) de troubles dont la nature présumée est également symbolique. C'est une intervention de l'homme parlant et écoutant auprès de l'homme souffrant du langage. Tout est, ici, manipulation de signes, redressement de discours faussés, dissociation de symboles paralysants et douloureux. Tout se déroule dans le droit fil de l'essence symbolique de l'homme avec des moyens proprement « humains ». L'affirmation de la nature symbolique de l'homme et de la psychanalyse culmine dans l'œuvre de Lacan. Et il n'est pas surprenant

---

1. Il est curieux de noter que Leroi-Gourhan dépiste cette différence dès les premiers anthropiens. « À l'origine de la discrimination que nous faisons encore entre l'"intellectuel" et le "technique" se trouve la hiérarchie établie chez les anthropiens entre action technique et langage, entre l'œuvre liée au plus réel de la réalité et celle qui s'appuie sur les symboles » – « En effet, depuis le paléolithique supérieur, mais surtout depuis l'agriculture, le monde des symboles (religieux, esthétiques ou sociaux) a toujours hiérarchiquement prévalu sur le monde des techniques [...] » (*Le Geste et la Parole*, Paris, A. Michel, 1964, vol. 1, p. 243, 258).

que ce soit précisément celle-ci qui ait le plus vivement
retenu l'attention du philosophe.

D'un tout autre genre sont les interventions,
traitements et manipulations neurotechniques : chimiques,
électriques ou chirurgicaux. On sait aujourd'hui que des
impulsions électriques sélectives de zones déterminées
du cerveau stimulent ou atténuent la douleur, le plaisir,
l'agressivité, la docilité. Des expériences d'apprentissage
ou de modification du comportement par action directe
sur le cerveau (sans passer par les organes sensoriels)
ont été réalisées sur des animaux et sont transférables
à l'homme [1]. Ces dernières années, la connaissance
des neurotransmetteurs, ces molécules spécialisées qui
règlent l'influx nerveux, a montré à quel point notre
humeur, notre appréhension affective – existentielle –
des êtres et des choses, notre promptitude à agir et à
réagir, notre sensibilité, mais aussi notre mémoire et
l'intensité des opérations symboliques qui se déroulent
en nous sont conditionnées par la chimie fine du cerveau
vers la maîtrise de laquelle s'oriente la techno-science de
pointe. Ainsi, le rôle du neurotransmetteur « dopamine »
a été reconnu décisif dans l'apparition et l'évolution de
maladies mentales comme la schizophrénie, dont, du
même coup, la nature et l'origine prétendument symboliques sont dénoncées. Les troubles chimiques de la
dopamine s'enracineraient même, selon l'hypothèse de
certains, dans des désordres moléculaires génétiques. Un
traitement approprié relèverait dès lors des techniques
psychopharmacologiques ou de la chirurgie génétique.

« Les troubles de la dopamine ne méritent pas plus de
coloration "morale" ou "sociale" ou "psychanalytique"

---

1. *Cf.* par exemple les expériences de Delgado.

que les troubles de l'insuline qui provoquent le "diabète". » Il convient de « guérir la "folie" comme on guérit les maladies du foie ou du rein » [1]. Il ne s'agit plus ici d'assistance ou de manipulations symboliques : ces interventions et manipulations sont proprement *techniques* et ressenties comme infiniment plus « violentes », « anti-naturelles » voire « in-humaines ».

Il existe une très forte résistance (une résistance « essentielle », spécifique de l'humanité) à l'égard de tout ce qui relève de la manipulation non symbolique, technique, de l'homme et qui constitue une intervention non culturelle-naturelle. Cette résistance est perceptible même en ce qui concerne des techniques relativement peu sophistiquées et ayant pour cible des fonctions qui relèvent de l'animalité autant que de l'humanité. Ainsi du domaine de la procréation. La limitation des naissances n'est pas considérée comme mauvaise en soi, mais elle doit être obtenue par des moyens naturels-culturels, telle la continence, pour la mise en œuvre desquels l'ordre symbolique (éducation, discours, sermons, propagandes, appel aux valeurs morales, au civisme, mythes, fantasmes et symboles de toutes espèces) joue un rôle déterminant. Le mal, c'est la contraception ou l'interruption de grossesse par des moyens techniques. Certes, une partie de plus en plus considérable de l'opinion occidentale accepte ce type d'intervention technique-là, mais elle demeure infiniment plus réservée, voire carrément hostile à toute manipulation technique qui atteindrait plus directement l'espèce ou la personne humaine. C'est que l'humanité, *conformément à son essence symbolique*, doit *évoluer culturellement* (socialement, politiquement).

---

1. « La dopamine, "clé" de la folie », *Science et Vie*, mai 1981.

L'amélioration de l'homme doit rester du ressort exclusif du symbole. La manipulation symbolique tous azimuts de l'homme, individuel et collectif – idéologie, propagande, mass media, publicité, programme de (ré)éducation, etc. – est largement considérée comme légitime et morale. Tout projet de modification génétique ou chimique (visant, par exemple, à supprimer les défaillances génétiques ou à contrôler l'agressivité) de l'homme est considéré comme « démoniaque ». Ce refus est à ce point enraciné dans la conscience collective qu'on n'accepte même pas d'examiner, ne fût-ce qu'à titre d'hypothèse légitime, si l'agressivité ou l'inégalité intellectuelle des hommes n'auraient pas quelques bases génétiques, ou plus généralement biologiques que, par définition, aucun dispositif culturel symbolique ne modifiera jamais. La conception même d'une telle hypothèse et les conséquences qu'elle inviterait à tirer sentent irrémédiablement le soufre. Le salut de l'humanité viendra du langage ou ne sera pas ; sa pacification est question de culture, d'éducation ; les conflits, les antagonismes ne pourront être vidés que par la discussion, le dialogue, l'échange de signes, l'avènement d'un ordre culturel mondial, et l'intégration symbolique de toutes les différences *culturelles* (et donc de *toutes* les différences *légitimes*) dans cet ordre. Tels sont les mots d'ordre d'une sorte d'idéologie culturaliste-historiciste directement inspirée par la définition de l'homme comme le vivant parlant ou l'animal symbolique. Le futur de l'homme se tient ainsi tout entier à l'intérieur de l'histoire, c'est-à-dire des métamorphoses du sens, de l'évolution du *logos*. Que cette évolution soit douloureuse, que l'histoire soit une salle des tortures et un cimetière des victimes des cristallisations symboliques (religions, mythes, idéologies, morales, etc.) opposées et irréductibles paraît peser moins lourd que l'idée même d'une évolution de l'humanité qui ne serait pas commandée par les logomachies. Passer un homme par les armes, s'entretuer pour des croyances, anesthésier idéologiquement un peuple sont, selon les symboles qui dominent, un crime ou une nécessité *historiques*. Projeter d'améliorer l'humanité, voire de la transformer par des moyens techno-scientifiques constitue un *sacrilège*, une idée *contre-nature*, ou plus exactement, « *contre-culture* » (ce qui revient *en l'occurrence* au même). La forme d'organisation globale des rapports interhumains qu'on appelle la *démocratie* apparaît comme l'expression la plus achevée, sur le plan politique, de la nature langagière de l'homme. En démocratie, chacun a droit à la parole, les conflits se règlent par débat, discussion, dialogue ; le pouvoir est à celui qui concentre le maximum d'informations et qui jouit du plus grand talent rhétorique de persuasion ; l'amélioration de la société est fondamentalement question d'éducation, de libération de la parole de chacun dans la tolérance de la parole de l'autre… La démocratie offre le spectacle le plus extraordinaire de l'exercice infiniment varié des puissances symboliques de l'homme, de sa nature de producteur et d'échangeur de signes … L'humanité parle, et cet entretien devrait la conduire au terme du dialogue de l'Histoire, à l'actualisation plénière de l'essence langagière qui la constitue dès l'origine. Toute velléité d'évoluer ou de muter autrement que par la voie des signes est contraire à l'humanité.

Le sentiment de la conformité de l'ordre symbolique à l'essence de l'homme et la perception, plus ou moins vive, de la différence irréductible qui sépare la technique et le symbole commandent en profondeur la plupart des réactions anti-techniciennes, avec leur cortège de phobies, de fantasmes apocalyptiques, d'angoisses ou de malaises vagues, qui se sont multipliées au XXe siècle.

4. TECHNOCHRONIES ET PRIMAT DU FUTUR

La techno-science nous confronte à des *technochronies* sans commune mesure avec l'expérience humaine du temps : brièveté incomparable du temps microphysique (vie de certaines particules) et mise en question de l'irréversibilité, du sens *vectoriel* du temps dont se soutient notre existence ; phénomènes relativistes de contraction temporelle et de pétrification-limite supposée de la temporalité des « trous noirs » ; immensité des durées géologiques et cosmologiques ; occupation opératoire de la durée par les ordinateurs à un degré incomparablement plus élevé que ne le permet l'activité humaine (en quelques secondes l'ordinateur accomplit un nombre d'opérations que l'individu mettrait des années à effectuer). Des *médiations opératoires* – techniques et mathématiques – seules nous permettent d'*avoir accès à toutes ces technochronies* que nous ne pouvons directement expérimenter et qui *se dérobent*, pour cela, à *toute symbolisation*. Les *technochronies* et les *chrono-logies* de l'histoire individuelle et collective sont *incommensurables*. Les premières ne constituent ni des événements ni des durées historiques.

L'impossibilité pour l'homme de se rapporter symboliquement à la temporalité techno-scientifique n'est cependant pas sans conséquence sur l'expérience et la représentation ordinaires du temps, de même que la substitution d'un techno-cosme au milieu naturel n'est pas sans effet sur notre être-au-monde.

La temporalité historique et traditionnelle, encore la nôtre pour une part considérable, se caractérise par l'unilinéarité vectorielle : elle a un sens, elle est finalisée. Elle commence et finit avec l'Humanité dont elle est l'accomplissement : le futur est un à-venir du passé; à la Fin des Temps est accompli ce qui est en germe ou en puissance dès l'Origine. La Fin de l'Histoire est formellement anticipable : l'homme dispose d'une eschatologie qui lui dit où il va.

L'expérience nouvelle de la temporalité induite par la techno-science se caractérise d'abord par *l'accentuation de la dimension du futur* qui acquiert brusquement une importance inouïe et une qualité incomparable. « Le centre de gravité de l'existence se déplace vers le futur et modifie du même coup le rapport au présent »[1] – « Le futur de l'univers technologique diffère qualitativement de tout ce que des époques antérieures appelaient "futur" »[2]. – « La technique définit maintenant, et selon la volonté même des peuples, leur seul avenir »[3] – « Plus que jamais, le *futur* est devenu central. Le progrès de la science et de la technologie rend manifeste que le futur est ouvert […] ». Cette dernière citation est extraite d'un ouvrage de E. Schuurman, qui, dans son titre même[4], signale ce que nous voulons mettre d'abord en évidence : *le primat absolu du futur dans la nouvelle expérience du temps et la liaison intrinsèque de ce primat et de cette nouveauté du futur avec la technique.* Cette liaison est universellement ressentie mais pas toujours de façon

---

1. H.J. Meyer, *Die Technisierung der Welt, op. cit.*, p. 55.
2. F. Cramer, « Can our Society meet the Challenge of a Technological Future ? » in A.R. Michaelis, H. Harvey, *Scientists in Search of their Conscience*, Berlin, Heidelberg, Springer, 1973.
3. J. Ellul, *Le Système technicien, op. cit.*, p. 214.
4. E. Schuurman, *Technology and the Future, op. cit.*, p. 164.

claire et expresse. Elle est confirmée et illustrée de façon exemplaire et surabondante dans tout l'imaginaire qui gravite autour de la science-fiction. Celle-ci a acquis une importance incomparable dans le chef de la jeunesse qui y lit obscurément une littérature en accord avec sa nouvelle expérience de l'espace et du temps. La science-fiction n'a guère plus de deux siècles : elle apparaît au moment où la science et surtout la technique moderne se développent ; elle éclate enfin au XXᵉ siècle[1]. Si la science-fiction n'a pas bonne presse auprès des littéraires et des philosophes (qui l'ignorent la plupart du temps purement et simplement), ce n'est pas parce qu'elle serait seulement une « littérature de seconde zone » mais bien, fondamentalement, parce qu'elle exprime – avec plus ou moins de bonheur et de lucidité – une expérience technocosmique et technochronique ressentie comme étrangère et inassimilable par la culture humaniste et littéraire classique dont l'imagination n'excède ni le monde ni l'histoire.

Le caractère majeur de la temporalité axée sur le futur est l'*imprévisibilité*, source d'une ouverture et d'une opacité radicales. Cette imprévisibilité est directement induite par la techno-science elle-même.

La science logothéorique rêvait d'intemporalité déductiviste ou déterministe : trouver les principes ou les équations d'où procéderaient, instantanément pour un entendement suffisamment vaste et pénétrant, toutes les vérités particulières et l'explication nécessaire de chaque événement. Pour un tel savoir, l'avenir est transparent,

---

1. Ne confondons pas science-fiction et utopie (qui est beaucoup plus ancienne). La science-fiction est fondamentalement *uchronique* (exploration imaginaire d'un futur plus ou moins lointain et ouvert) ; l'uchronie ne remonte pas en deçà du XVIIIᵉ siècle.

le déroulement temporel sans importance puisque tout est déjà contenu dans les points de départ : le temps est *explicitation*, non invention ou création : la logothéorie de la science permet l'économie du temps (puisqu'il ne faut pas attendre, en principe, que les choses aient eu lieu pour savoir ce qui allait se passer) ; elle est la négation de la réalité du temps.

La techno-science est, en revanche, entièrement *dans le temps* entendu comme durée créatrice. S'il est un point sur lequel les futurologues s'accordent, c'est bien celui de l'opacité de la dimension du futur[1]. Aussi n'est-ce pas le moindre des paradoxes de la futurologie que la conclusion selon laquelle la futuro-logie (l'anticipation logo-théorique du futur) est un projet contradictoire, une entreprise impossible pour des raisons essentielles : la reconnaissance et l'accentuation opératoire du *futur* étant l'antithèse de la puissance anticipatrice du logos et de la théoria. Depuis que l'on dispose d'un embryon d'histoire des sciences et des techniques de prévision, les ouvrages de futurologie commencent souvent par rappeler prudemment quelques exemples de prédictions qui ne se sont pas réalisées et d'événements non prévus qui se sont bel et bien produits[2]. La majorité de ces exemples de la carence futurologique concernent des découvertes et des inventions techno-scientifiques. *Le paradigme de l'imprévisibilité du futur est à chercher dans l'imprévisibilité de la recherche techno-scientifique.* Le carac-

---

1. *Cf.* exemplairement G. Elgozy, *Le Bluff du futur*, Paris, Calmann-Lévy, 1974.

2. L'un des premiers fut A.C. Clarke, *Profil du futur*, Paris, Planète, 1964 ; p. 15 *sq.*, 58, *passim*. C'est à Clarke que F. de Closets emprunte plusieurs exemples dans *Scénarios du futur*, Paris, Denoël, 1978, p. 16 *sq.*

tère inanticipable de cette dernière est aujourd'hui universellement reconnu par les authentiques praticiens de la recherche. « L'important dans la recherche, c'est l'imprévisible » – « Toute découverte majeure (est) imprévisible »[1]. C'est à propos de la technique que cette imprévisibilité devient la plus éclatante. Il est déjà très hasardeux de prévoir des inventions qui découlent directement de l'état actuel de la techno-science. Comment dès lors anticiper une technique qui serait édifiée sur une ou plusieurs strates de techniques qui n'existent pas encore? Très vite nous entrons dans l'inanticipable radical, voire dans l'inconcevable.

> Il est possible, a posteriori, de suivre étroitement la genèse des nouveautés par leur filiation technique, mais il est impossible de prévoir a priori, la forme des nouveautés et le moment où elles apparaissent[2].

La technique est construction, opération pure, création; elle croît mais *pas au sens où croissent les plantes qui réalisent un plan pré-codé dans le germe*; la technique se développe *au sens de l'évolution* au cours de laquelle se sont succédé des formes de vies par mutations constructrices d'innovations absolument imprévisibles. Curieusement, la temporalité propre à la techno-science induit une expérience du futur qui s'apparente infiniment plus à celle de *l'art* qu'à celle de la science classique. Le temps est *poièsis*, l'expérience du futur est *techno-poétique*. « Affirmer que le futur est un art – et non une science – devrait logiquement conduire les futurologues

---

1. F. Gros, F. Jacob et P. Royer, *Sciences de la vie et société*, *op. cit.*, p. 16, 115.
2. B. Gille, *Histoire des techniques*, *op. cit.*, p. 41.

à reconnaître que le futur ne peut être prédit, sinon par hasard »[1] – « Regarder le futur à travers les yeux d'un poète ou d'un peintre, plutôt que de se fier à un sociologue ou à un philosophe traditionnel »[2].

L'impénétrabilité du futur a pour corollaire son ouverture illimitée : l'imprévisibilité *est* cette ouverture radicale du possible. Opacité et ouverture sont liées au *primat de l'opératoire.* Si le temps est d'abord et fondamentalement opérativité, alors le temps est construction et invention qu'aucune théorie – nul regard – et aucun discours n'anticipent. L'expérience du temps induite par la techno-science conduit à un *agnosticisme du futur* (de l'Histoire et donc de l'Homme).

L'ancienne relation, mythologique ou historique, au temps était centrée sur des gnoses : révélation du Sens, de la Finalité, de l'Origine de l'écoulement temporel. Telle est fondamentalement la *lecture* marxiste ou judéo-chrétienne du temps. La technique, dans la mesure où elle est prise en considération est inscrite sans reste dans cette temporalité eschatologique que domine l'alliance du signe, de la valeur et du regard. Cette inscription eschatologique de la technique n'est plus possible *là où l'expérience de la temporalité est secrètement gouvernée par la technique elle-même. Nulle chrono-logie n'inscrit les nouvelles technochronies.*

---

1. G. Elgozy, *Le Bluff du futur*, Paris, Calmann-Lévy, p. 8
2. A. Toffler, *Le Choc du futur*, Paris, Denoël, 1971, p. 273.

5. Pré-histoire, post-histoire

En dépit d'illusions nombreuses, anciennes et
insistantes, l'humanité ne « sait » pas davantage « où elle
va » que l'évolution bio-cosmique dont elle est le produit.

Qu'en sera-t-il de l'homme dans un million, dans
dix millions d'années ? Cette question est légitime et
profondément *philosophique*. Ce n'est pas une question
scientifique ou technique qui serait méthodiquement
soluble. Ce n'est d'ailleurs pas à proprement parler une
question qui attende une réponse ; elle n'a d'autre fonction
que de placer l'homme et le temps dans une lumière
distincte de l'éclairage historiciste anthropologiste ; et
si toute lumière vient de cet éclairage, alors la question
projette, tout simplement, hors de la lumière.

Cette question ne jongle ni avec l'éternité ni avec la Fin
des Temps. Un terme est posé, certes extrêmement éloigné
(au regard des durées historiques) mais cependant fort
raisonnable par rapport à l'immensité du temps cosmique
que la techno-science a révélée. Selon l'imagination de
chacun et la familiarité acquise avec l'imaginaire du futur,
des hypothèses, des images plus ou moins fantaisistes,
plus ou moins étranges sont évoquées par notre question.
Le contenu de ces fantaisies n'est pas important en soi.
Ce qui compte, c'est leur profusion qui indique que tout et
n'importe quoi est possible, spécialement l'inconcevable
et l'inimaginable. La question posée est profondément
philosophique, *parce qu'elle est sans réponse*, parce
qu'elle induit une expérience inouïe de la temporalité,
expérience cependant conforme au temps techno-
scientifique : *l'expérience d'une opacité radicale et d'une
ouverture illimitée du temps. Cette ouverture illimitée du
possible et cette opacité radicale à toute logothéorie (à*

toute futurologie, eschatologie, etc.) sont l'avers et le revers de l'appréhension purement opératoire du temps, appréhension directement provoquée par le primat de la technique. Une analogie fera peut-être mieux comprendre la nature de l'expérience du temps évoquée. Cette analogie invite à renverser l'axe temporel de la question.

Qu'en était-il de l'homme voici dix millions ou cent millions d'années ? La réponse est : l'homme était alors possible, mais pas au sens où il aurait déjà existé de façon potentielle, potentialité que le cours de l'évolution n'aurait fait qu'actualiser. Une telle conception projette sur la pré-histoire les clichés logothéoriques et axiologiques de l'Histoire. En plein secondaire, l'homme était *possible* puisqu'il est advenu, mais pas parce qu'il était de quelque façon pré-conçu ou préfiguré. Rien ne pouvait en anticiper la forme et l'humanité aurait très bien pu ne pas apparaître. Auquel cas elle n'aurait tout simplement pas existé, pas même sous les espèces d'une potentialité qui ne se serait pas exprimée. Il y a cent millions d'années, l'Humanité, l'Histoire, la Culture, la Valeur, le Langage étaient absolument inconcevables non pas parce qu'il n'y avait aucun entendement pour les concevoir, mais parce que le temps est invention, créativité, constructions pures et non déroulement d'un plan donné à l'origine. Vue du sein de l'évolution bio-cosmique, l'évolution culturelle et historique est quelque chose de radicalement autre, étranger. Inversement, la pré-histoire constitue une durée inassimilable par la temporalité historique. La préhistoire est ressentie comme absolument étrangère aux jeux eschatologiques et entéléchéiques du Sens : une durée impénétrable au regard chargé de signes et de valeurs, une durée muette, sans voix. La philosophie reconnaît implicitement cette altérité radicale en ignorant généralement de façon pure et simple toute cette étendue du temps d'avant l'homme. Même une philosophie aussi soucieuse de tenir compte de l'évolution matérielle du monde que le marxisme reste complètement fermée à la pré-histoire.

> « La question du commencement absolu de l'histoire humaine reste sans réponse. Marx pense qu'elle est une question vide de sens » – « Marx, nulle part, ne pose explicitement le problème de ce qui "précède" l'activité humaine, le devenir-historique de la nature. Le mouvement ontologique total et toute l'évolution de la nature, tout ce qui a conduit jusqu'à l'homme, reste en deçà de sa vision » – « L'histoire humaine commence dès que la nature aboutit à l'homme, et cet aboutissement est *le commencement* »[1].

L'ontologie ne peut qu'ignorer la paléontologie : telle est la loi du silence philosophique (anthropologiste) au sujet de la pré-histoire. L'opinion biologiste s'accorde sur l'imprévisibilité radicale de l'évolution. Le hasard seul constitue la source des mutations évolutives. J. Monod résume excellemment l'inaccessibilité de l'évolution au projet logothéorique qui coïncide toujours avec une négation du caractère irréductible de la durée créatrice. « Une théorie universelle, si entiers que soient ses succès par ailleurs, ne pourrait jamais contenir la biosphère, sa structure, son évolution en tant que phénomènes *déductibles* des premiers principes »[2]. Aussi, si quelque chose comme la vie a pu apparaître ailleurs que sur Terre, il est exclu que l'orientation prise par cette vie

---

1. K. Axelos, *Marx, penseur de la technique, op. cit.*, t. I, p. 95-96 ; t. II, p. 74 ; t. II, p. 75.
2. J. Monod, *Le Hasard et la Nécessité*, Paris, Le Seuil, 1970, p. 54.

soit identique, voire seulement comparable, à l'évolution terrestre. Ainsi, quelle que soit l'abondance possible de la vie dans l'univers, « il est pratiquement sûr qu'en dehors de notre planète il n'existe dans l'univers aucune autre humanité »[1]. *L'impénétrabilité, l'étrangeté possible du très lointain futur n'a d'analogue que dans l'étrangeté absolue, l'imprévisibilité radicale, la contingence sans fond, l'impossibilité presque, de l'homme, de la culture, de l'histoire rapportées aux formes archaïques de la vie terrestre.*

L'analogie préhistorique invite à considérer que le futur ne tient pas tout entier dans les limites de la temporalité historique, c'est-à-dire dans le parcours des métamorphoses du sens accessibles au discours. Des mutations, des ruptures, des discontinuités se laissent pressentir, sans qu'on puisse, et pour cause, en anticiper la forme ni la nature. Il ne faut surtout pas se hâter de concevoir les discontinuités du futur de l'humanité sur le modèle des mutations biologiques qui ont engendré cette humanité. Il convient seulement de reconnaître que des failles et des tournants *d'une importance égale aux mutations spécifiques* ne sont pas exclus, qu'elles sont même probables lorsqu'on envisage une durée temporelle assez longue. Ces ruptures et ces discontinuités possibles du futur seraient sans commune mesure avec les métamorphoses entéléchiques de l'évolution culturelle et historique sur la voie de la perfection de l'humanité. Elles seraient proprement in-humaines, étrangères à l'essence logothéorique et axiologique de l'homme. Inaudibles, par conséquent, pour la philosophie tradition-

---

1. W. Stegmüller, *Hauptströmungen der Gegenwartsphilosophie*, II, Stuggart, Kröner, 1975, p. 452 *sq.*

nelle qui répugne, pour des raisons essentielles, à en former seulement l'idée. Du futur, la philosophie ne veut connaître que l'alternative de l'accomplissement (et de la perpétuation) de l'humanité ou de la fin de celle-ci au sens d'un anéantissement pur et simple.

La philosophie, parce qu'elle est anthropo-logiste, répugne autant à envisager l'éventualité d'une durée *post-historique* qu'elle est hostile à la prise en considération *de la pré-histoire.*

Post-historicité, ce terme n'est que l'indicatif – non le concept – de l'étrangeté possible du futur lointain. L'opacité de celui-ci est encore autre chose que la simple imprévisibilité. Imprévisibles, les décennies prochaines le sont déjà. Mais cette imprévisibilité est contenue dans des limites qui sont celles de l'histoire : n'importe quoi n'est pas concevable pour l'an 2000, on n'imagine aucune rupture profonde dans la continuité de l'espèce. Au pire peut-on faire l'hypothèse d'une apocalypse nucléaire qui remettrait seulement l'Histoire à zéro.

L'opacité du futur est infiniment plus essentielle que l'imprévisibilité. Voilà pourquoi il était nécessaire de poser une question portant non sur une période à la mesure de l'individu ou de l'Histoire (de quelques décennies à quelques siècles), mais *sur une étendue de temps qui puisse bouter l'Humanité hors de l'Histoire, c'est-à-dire hors d'elle-même.* Post-Histoire, impuissance logothéorique, inassignabilité de la technique, primat de l'opératoire, ouverture et opacité radicales du futur… sont les aspects d'une seule et même expérience. La technique nous propulse hors de l'Histoire et de la Culture comme l'évolution nous a conduits dans l'Histoire et dans la Culture. La Technique nous boute hors de notre essence comme l'évolution nous a placés dans notre essence.

Plutôt que de « paléontologie », il faudrait peut-être parler d'une « paléotechnie » pour désigner l'opérativité cosmique aveugle et muette qui nous a faits regard et parole, et à laquelle, au-delà du regard et de la parole, répond, aujourd'hui, un nouveau primat de l'opératoire, une « néotechnie » cependant très différente de la « paléotechnie » de l'évolution bio-cosmique. Rien de nécessaire ne rapproche la pré-histoire et la post-histoire, si ce n'est leur étrangeté partagée à l'égard de l'historicité.

6. LE TECHNOCOSME

Le langage est la manière de se rapporter au milieu naturel le plus spécifique de la forme de vie humaine. C'est par le symbole que l'homme habite spontanément son milieu naturel. Ceci signifie qu'il y a une liaison essentielle entre le langage, le milieu naturel (le monde à l'échelle de l'homme) et la forme de vie humaine (son corps, ses sens, sa conformation physique, etc.).

L'espace que rencontre la recherche techno-scientifique est sans commune mesure avec ce milieu. Aussi l'intégration symbolique de cet espace par le vivant parlant est-elle impossible : l'homme ne demeure symboliquement ni dans l'espace quantique ni dans l'espace relativiste ni dans le vide interstellaire.

Les physiciens n'ignorent pas la difficulté ou l'impossibilité qu'il y a « à traduire » dans le « langage naturel » les « résultats » de la science[1]. Ils expriment cette situation, la plupart du temps assez gauchement, en disant que le langage humain est solidaire du monde

1. *Cf.* exemplairement W. Heisenberg, *Physique et Philosophie*, chap. X : « Langage et réalité en physique actuelle », Paris, Idées-Gallimard, 1964.

« macroscopique » et que les concepts qu'il contient ne conviennent pas pour la saisie des autres échelles de l'univers. Ou encore en soulignant que cette saisie ne peut être que métaphorique ou vaguement analogique parce que les « objets » rencontrés par la techno-science sont sans commune mesure avec les phénomènes que nous expérimentons naturellement : onde, particule, noyau, collision, champ, saut... (pour ne retenir que des termes pourtant déjà intégrés dans le « sens commun » sécrété par la science contemporaine) sont empruntés au langage « de tous les jours » et se rapportent à des phénomènes ou à des objets naturels et familiers. Déplacées dans « l'univers microphysique », ces expressions ne conviennent absolument pas. Elles suscitent une fausse impression de familiarité ou de parenté entre ce qui est « de notre monde » et ce qui ne l'est plus. Elles ne fonctionnent même pas réellement comme des métaphores ou des analogies car celles-ci jouent normalement entre des phénomènes que nous pouvons expérimenter naturellement l'un et l'autre : quand nous disons que « le lac est un miroir » ou que « la neige est un manteau d'hermine » nous pouvons nous rapporter à l'expérience du lac, du miroir, du manteau d'hermine et de la neige... La métaphore constitue un transfert symbolico-phénoménal. Rien de tel à propos des « ondes, des particules, des sauts quantiques, de l'effet-tunnel », etc. Nous n'avons aucune expérience naturelle-culturelle des « bénéficiaires » du transfert métaphorique hors de ce transfert. Ceci signifie que, dans ce cas, l'analogie ou la métaphore suscitent de façon très vague et confuse, une expérience sans objet ou plutôt : dans le moment même du transfert, *l'illusion* cristallise d'un « objet » ou d'un « processus » bénéficiaires du transfert. Dans la métaphore normale, les choses préexistent au transfert métaphorique. Avec les métaphores du vocabulaire physique, les choses sont littéralement créées par le transfert : ce sont des *fictions*. Cette situation entraîne non seulement l'illusion d'un accès symbolique (entièrement feint) à un réel (lui-même produit de cette fiction) mais elle tend à *effacer la nature réelle de la forme d'accès que nous avons aux « particules, ondes, etc. »* : *l'accès opératoire de la médiation technique et des mathématiques*. L'aveu selon lequel les « corrélats » de la physique contemporaine sont *irreprésentables*[1], qu'ils ne se livrent ni au regard (à l'intuition) ni au langage, est une manière négative et donc indirecte et dangereuse (parce qu'elle suscite le sentiment vague d'une étrangeté, d'une « réalité autre » pour laquelle les mots manqueraient encore) – une manière encore logothéorique – de reconnaître la nature exclusivement opératoire, technique – non ontologique – de la rencontre microphysique.

L'impropriété advenue du pontage symbolique grâce auquel l'homme jusqu'ici était au monde vaut aussi pour le milieu technicien, à l'échelle de l'homme et produit par lui, qui l'entoure. C'est ce milieu technicien qui tend à devenir planétaire, universel, et qui trouve sa densité maximale dans la *ville*, que nous appelons le *technocosme*. Le technocosme se substitue au milieu

---

1. W. Stegmüller, *Hauptströmungen der Gegenwartsphilosophie* (*op. cit.*, p. 343 *sq.*), analyse de façon remarquable les diverses étapes et formes de cette « *Unanschaulichkeit* ». Il conclut en écrivant : « Il n'est pas exclu qu'au terme de la recherche sur les particules élémentaires tombe le grand silence » (p. 361-362). H. Van Lier, *Le Nouvel Âge* (Tournai, Casterman, 1962, p. 119), saisit très exactement la *double impuissance logo-théorique* : « La notion d'irreprésentabilité marque ce qu'il y a de plus général dans notre situation : la déficience du verbe et de l'intuition ».

naturel et l'intègre en même temps. Il s'y substitue en
devenant le nouvel *universum*, le nouvel englobant ;
il l'intègre parce qu'il ménage en soi des lieux où la
nature, protégée mais aussi soigneusement circonscrite,
resterait elle-même ; tel est le sens des parcs naturels,
particulièrement développés aux États-Unis, c'est-à-
dire là précisément où le technocosme, sous toutes ses
formes, s'est le plus étendu. Le progressif remplacement
du milieu naturel présente des aspects tantôt massifs et
spectaculaires, tantôt subtils et peu apparents. Parmi les
premiers, il faut signaler bien entendu d'abord l'emprise
des villes géantes qui ne laissent rien subsister du paysage
primitif ou encore le réseau polymorphe et planétaire
des communications : gigantesque canevas des veines
et artères irriguant les tissus techniques qui recouvrent
la surface de la terre. Mais les routes – éventuellement
transcontinentales – ou les lignes aériennes ne sont
que la face la plus apparente de cet encerclement. Plus
subtiles mais peut-être plus essentielles, car indispensables au bon fonctionnement des précédents, sont
les télécommunications, sous toutes leurs formes, y
compris la nouvelle technosphère des satellites qui
projette dans l'espace les excroissances du technocosme.
Cette vocation planétaire et spatiale du développement
technique est répercutée dans l'imaginaire du futur : à
côté des inévitables communications et voyages inter-
planétaires ou interstellaires, il y a des visions plus précises
d'astrotechnologie : « terraformisation » de planètes
(c'est-à-dire transformation de l'atmosphère d'un astre
impropre à la vie en une enveloppe « respirable » grâce à
une modification chimique provoquée et dirigée pour la
réalisation de laquelle des formes de vie éventuellement
manipulées de façon *ad hoc*, telles des bactéries

opérant des réactions gazeuses, peuvent être utilisées ; cette mutation se faisant à l'échelle de la planète) ou « astroénergétique » : maîtrise et utilisation directe de l'énergie d'une étoile. Ces visions du futur sont moins fantaisistes qu'il y paraît lorsqu'on songe que l'atmosphère terrestre actuelle est elle-même le produit d'une évolution dans laquelle la vie primitive a joué un rôle et que cette même atmosphère pourrait être, involontairement, mise en péril par certains facteurs techniques contemporains (problème de la couche d'ozone et des aérosols, pollution, disparition des forêts, etc.) ; d'autre part, les recherches dans le domaine de l'énergie solaire sont de timides préfigurations de l'astroénergétique. Perspective astrotechnique encore dans la façon dont sont abordées aujourd'hui les grandes étendues biologiques de la Terre : on parle de « biomasse »[1], de « bioconversion » (transformation-fixation de l'énergie par la vie sous une forme utilisable) qui « établira son succès sur la découverte ou *l'invention* de plantes plus *efficaces* pour transformer l'énergie solaire »[2] et on considère la forêt comme « un instrument de production de biomasse d'un intérêt puissant »[3]. L'investissement technique de la biosphère s'effectue également sous des formes infiniment plus subtiles. Le vivant micro/ macroscopique est appréhendé, manipulé et utilisé techniquement.

1. « La biomasse est une masse renouvelable produite par la fixation de l'énergie solaire sous forme de matière sèche organique, grâce à la photo-synthèse végétale » (F. Gros, F. Jacob, P. Royer, *Sciences de la vie et société, op. cit.*, p. 94).

2. F. Gros, F. Jacob, P. Royer, *Sciences de la vie et société, op. cit.*, p. 96 ; nous soulignons.

3. *Ibid.*, p. 98. « Les systèmes vivants ont des efficacités mesurables tout comme les moteurs […] C'est alors le plancton qui tient le devant de la scène » (*ibid.*, p. 57).

Appréhendé techniquement : la cellule est « une usine chimique miniaturisée et automatisée » – Elle « cisèle de petites molécules, atome par atome, dans des chaînes de réaction métabolique catalysées chacune par une enzyme particulière »[1] – « La feuille est une machine vraiment merveilleuse [...] La nature comporte un grand nombre de "machines" de ce genre »[2].

Manipulé techniquement : les manipulations génétiques des micro-organismes viennent d'entrer dans une phase industrielle et constituent l'une des percées les mieux connues de la biotechnologie. Mais cette manipulation technique essentielle (puisqu'il s'agit de modifier la nature ou l'espèce, les propriétés spécifiques des êtres) du vivant ne vise pas seulement les micro-organismes : de nouvelles plantes sont génétiquement inventées (« tournicot » : transfert d'un gène de haricot dans le génome du tournesol ; « pomate » : hybride de tomate et de pomme de terre) ; les animaux également sont visés ; ainsi, la Genetic Engineering Inc. de Denver (Colorado) « a en vue notamment la production d'animaux à trois parents : les deux géniteurs normaux [...] et un "parent partiel" dont des gènes sont ajoutés artificiellement pour transmettre une caractéristique recherchée : meilleure production de lait, lainage plus abondant... »[3].

Utilisé techniquement : ici encore, on songe aux manipulations génétiques qui ne peuvent être réalisées que parce que l'on se sert, comme d'outils extraordinairement fins et précis, de parcelles microscopiques de vivant

---

1. F. Gros, F. Jacob, P. Royer, *Sciences de la vie et société*, *op. cit.*, p. 27.

2. A. Toffler, *Le Choc du futur*, *op. cit.*, p. 224.

3. « Des souris qui ont un peu du lapin » par J. J. Ferrara, dans *Science et Vie*, novembre 1981.

(spécialement des enzymes utilisées comme « scalpel » et comme « soudure » génétiques et des plasmides – brins d'ADN indépendants – comme vecteurs génétiques). « Les plasmides sont des instruments intégrés pour la manipulation génétique des cellules végétales »[1]. Mais l'usage technique (à visée de recherche ou de production) de molécules vivantes dépasse le cadre des seules manipulations génétiques : « Ainsi les molécules informatives (acides nucléiques, enzymes, anticorps, récepteurs, hormones et neurotransmetteurs) [...] sont des "outils" de plus en plus indispensables pour la recherche »[2].

Ces quelques illustrations montrent que la biosphère est à la fois une source, une cible et un moyen privilégiés de développement du technocosme qui intègre la biosphère. Les aspects de cette intégration technicienne de la « nature » sont nombreux et variés. Ainsi vise-t-on à utiliser les micro-organismes non seulement pour la production de certaines substances mais aussi pour la destruction ou pour la reconversion des déchets et scories du technocosme[3]. L'intégration réciproque de la *phusis* et de la *technè* sur la voie d'une totalité technocosmique neuve culmine dans certaines visions du futur qui ne font toutefois que prolonger des recherches tout à fait réelles. Cette double intégration tient en deux

---

1. « Genetische Manipulation von Pflanzen durch Bakterien », in *Umschau der Wissenschaft und Technik*, 1. 8. 1981.

2. F. Gros, F. Jacob, P. Royer, *Sciences de la vie et société, op. cit.*, p. 153.

3. Usage de microbes pour la « conversion des déchets cellulosiques en mélasses, elles-mêmes susceptibles de diverses bioconversions »; aussi « biométallurgie : des bactéries concourent à l'obtention de sels solubles de nickel, or, uranium, cuivre... » (F. Gros, F. Jacob, P. Royer, *Sciences de la vie et société, op. cit.*, p. 195).

expressions : il s'agit de « machiner la vie » et de « faire pousser les machines ». J. De Rosnay évoque l'hypothèse (déjà partiellement réalisée) d'une « machine à écrire génétique » : « la synthèse chimique des gènes se fera à la machine dans un futur assez proche [...] On devrait pouvoir arriver assez vite à la synthèse programmée des gènes »[1]. Symétriquement, A. Toffler écrit : « *un jour viendra peut-être où nous élèverons nos machines* »[2]. La recherche prometteuse sur les « biotransistors » va dans cette direction, puisqu'il s'agit de réaliser (d'ici vingt ou trente ans) des ordinateurs « biologiques » dont les composants non seulement s'inspireraient des systèmes vivants mais seraient obtenus grâce à la biotechnologie (telle la « croissance » dirigée d'un « circuit moléculaire »)[3]. L'autarcie circulaire de développement mutuel des techniques de pointe atteint ici un sommet : la cybernétique indispensable au génie biologique fait appel à celui-ci pour son propre développement. A la limite, ceci conduit à la vision de l'intégration « sym-biotique » de l'humanité puisque la biocybernétique réalise la synthèse technique du vivant et de la machine : « l'homme "sym-biotique" directement relié par son propre système nerveux à des ordinateurs miniaturisés, capable d'interroger n'importe quelle mémoire géante à partir de n'importe quel endroit du monde ou de communiquer directement avec n'importe quel individu »[4].

---

1. F. de Closets, *Scénarios du futur, op. cit.*, p. 117.

2. A. Toffler, *Le Choc du futur, op. cit.*, p. 222.

3. *Cf.* « Les biotransistors : la microélectronique du XXIe siècle » (J. de Rosnay), *La Recherche*, 7. 8. 1981.

4. *Cf.* F. Gros, F. Jacob, P. Royer, *Sciences de la vie et société, op. cit.*, p. 266, *passim*; V. Packard, *The People Shapers*, Londres, Futura, 1978, *passim*.

La clé de voûte de la clôture technocosmique consistera en l'intégration technicienne des facultés supérieures et proprement humaines : la pensée (le langage) et la décision. Le développement planétaire d'un réseau télématique, qui normalise le langage (et donc la pensée) et qui rend le technocosme capable de s'informer universellement sur lui-même, (sur chacune de ses composantes) de façon à permettre à chaque fois la décision la plus appropriée au problème (dysfonctionnement), coiffe le technocosme d'une sorte de *technonoosphère* qui, ainsi que nous le verrons plus loin, inscrit sans reste dans le champ technique l'ordre du symbole, et donc l'humanité comme telle.

La tendance à l'inscription technique du symbolique est l'envers de l'impossibilité advenue de la relation symbolique au technocosme. Pourquoi, alors qu'il a toujours habité symboliquement le monde naturel, l'homme ne peut-il séjourner dans le technocosme de la même façon ? J. Ellul évoque cette situation et apporte un élément de réponse : le système technicien se dérobe à la symbolisation « parce que le réel est produit par l'homme qui n'éprouve pas le sentiment de mystère et d'étrangeté » − « La symbolisation est intégrée dans le système technicien. Il n'y a plus aucune distanciation, aucune possibilité de maîtrise du système par cette voie qui fut celle, royale, de la spécification de l'homme et de son originalité »[1].

Le technocosme, comme le milieu naturel, constitue un *universum* et un *donné* préalable dans lequel l'homme désormais naît, vit et meurt. De plus, la plupart des éléments de ce technocosme (mode de fabrication et de

1. J. Ellul, *Le Système technicien, op. cit.*, p. 195.

fonctionnement des innombrables machines qui nous entourent; origine, nature, composition et mode de fabrication de la plupart des produits que nous utilisons) sont totalement *impénétrables* à la très large majorité des contemporains. Ce sont des « boîtes noires ». Qui sait comment fonctionne son poste de télévision (sans parler de toute l'infrastructure technique de plus en plus complexe du réseau d'émission, transmission, diffusion) : les images sont là, la fantasmagorie technique nous entoure aussi naturellement et aussi incompréhensiblement que les phénomènes de la nature apparaissaient aux hommes de jadis. Il y a cependant dans ce rapprochement entre la « phénoménologie technicienne » et la « phénoménologie naturelle » un abus essentiel. Les phénomènes de la nature étaient réellement impénétrables à l'homme de jadis ; ils étaient réellement là avant l'homme et l'homme lui-même n'est qu'un produit de la créativité de la nature ; dès lors la symbolisation correspondait à une organisation, à une donation de sens qui ne constituait nullement un pis-aller. Les objets et les événements techniques sont des « boîtes noires », des énigmes seulement pour les non-initiés, c'est-à-dire pour les non-techniciens. Potentiellement, ces objets et ces événements sont totalement *transparents*. Et chacun peut avoir, s'il le veut, accès à cette transparence fonctionnelle : il lui suffit pour cela d'acquérir le bagage technique indispensable. L'opacité ou l'étrangeté du technocosme ne sont pas du tout de la même espèce que celles qui affectent ou en tout cas affectaient essentiellement la nature. Il y a pour le technocosme une présupposition fondamentale de transparence puisqu'il est produit, entretenu, réparé par l'homme. *Autrement dit, alors que la symbolisation était, par rapport à la nature, le seul mode de relation possible, la symbolisation du milieu technicien – c'est-à-dire l'organisation, l'interprétation, la lecture de ce milieu par des non-techniciens se fiant seulement à leur expérience naturelle-culturelle, à leur imagination et à leur entendement pas ou peu techniquement informé – ne peut être qu'une saisie impropre, que l'on sait fantaisiste, métaphorique, ludique ou analogique puisqu'une relation (technicienne) adéquate existe.*

Le développement de la techno-science et la croissance du technocosme font que les objets et les phénomènes *naturels* eux-mêmes sont de plus en plus (nous en avons vu des exemples) assimilés à des « boîtes noires », c'est-à-dire à des objets techniques. Ceci signifie que l'inadéquation de la relation symbolique au technocosme s'est étendue à ce qui reste du milieu naturel rendant *radicalement impossible l'ancien séjour symbolique de l'homme dans le monde*. En effet, le sens commun s'accorde pour dire que ce sont les scientifiques qui détiennent le savoir vrai sur la nature, la cause et la structure réelles des choses et des phénomènes naturels. Dès lors, ce qui ne semblait s'appliquer d'abord qu'aux éléments du technocosme est valable universellement : pour les éléments de la nature aussi, il y a une présupposition de transparence. Mais attention : *nous ne disons pas* que celle-ci est légitime (alors qu'elle l'est en ce qui concerne le technocosme) ; nous affirmons seulement qu'elle est diffuse dans le sens commun de l'époque et que c'est elle qui dérobe à l'homme son antique séjour symbolique dans l'univers.

L'aperception technicienne, générale et vague, de la nature, c'est cela : voir la feuille comme une machine, la forêt comme un écosystème producteur d'énergie ou régulateur atmosphérique et les microbes comme les meilleurs auxiliaires de la recherche et de l'industrie. Partout, des « boîtes noires » techniques qui rendent la relation symbolique parfaitement caduque.

Ainsi, le technocosme s'étend-il analogiquement à l'univers entier. Il n'est pas comme un milieu clos sur lui-même, comme une sorte de « bulle artificielle et autarcique » placée dans un espace différent (la ville au milieu de la nature primitive). Le technocosme s'étend physiquement déjà au-delà de la planète ; conceptuellement et potentiellement, il s'élargit aux dimensions de l'univers. Il n'y a plus de véritable *dehors* par rapport au milieu technocosmique. Qu'est-ce, en effet, que cette extériorité ? C'est l'espace et le temps techno-scientifiques. Or, alors que le sens commun et l'idéologie sécrétés par la techno-science et le technocosme interprètent cette extériorité comme composée elle aussi d'objets (para)techniques (de boîtes noires), nous avons vu qu'en dernière analyse *la seule forme de relation légitime à l'espace techno-scientifique est de nature opératoire, technique*. Dire que l'homme est désormais voué universellement à des rapports opératoires-techniques revient, au fond, à énoncer sous une forme non idéologique ce que l'on formule idéologiquement en disant qu'il ne voit plus partout que des « boîtes noires ». D'une certaine façon, les deux formulations reviennent au même puisqu'elles sanctionnent l'une et l'autre l'impossibilité advenue de la relation symbolique au monde.

7. Manipulation de l'homme et insuffisances de l'anthropologisme instrumentaliste

L'anthropologisme instrumentaliste qui constitue le lieu commun d'appréciation de la technique fait de l'homme *la mesure de la technique*. Cette conception postule la stabilité et l'indépendance du centre de référence. Il est inadmissible en effet que cela qui sert de mesure soit essentiellement affecté par cela qui est mesuré. Or la technique est précisément et fondamentalement déstabilisatrice de la « nature humaine » selon toutes ses dimensions. Comment cela même qui conteste centralement la nature culturelle de l'homme pourrait-il être « un outil au service de l'humanité » ?

La virulence déconstructrice et reconstructrice – puissance effective et pas simplement symbolique – de la technique à l'égard de l'homme est universellement perceptible. En voici quelques formes.

Manipulation essentielle du cycle vital de la conception à la mort : banques de sperme, conception *in vitro* et « bébé-éprouvette », parthénogenèse expérimentale, gel des embryons et réimplantation, conception par parents multiples (enrichissement du bagage génétique des deux donneurs principaux par des éléments génétiques d'un troisième ou quatrième donneur), mères conceptrices et mères porteuses, clones… autant de réalisations ou de possibles techno-scientifiques qui affectent ou affecteraient de fond en comble la venue naturelle de l'enfant – devenu produit de la *technè* au moins autant, sinon plus, que de la *phusis* – dans la vie. La perspective de la reproduction par clonage – étrangère à la sexualité, négatrice de la différence individuelle due à la reproduction sexuée et, dans une certaine mesure, annihilatrice de la mort puisque l'individu est capable d'engendrer indéfiniment des copies génétiques exactes de soi – est à cet égard tout à fait exemplaire. Mais la techno-science s'attaque également au processus de sénescence et à la fatalité de la mort. Vieillissement et mort ne sont plus considérés comme les vecteurs nécessaires de l'accomplissement d'une existence proprement humaine – au sens où, ainsi que le dit Heidegger, l'homme est un être-pour-la-mort, un être qui parle sa mort et parle à partir de sa mort, un être dont la vie ne prend sens et ne cristallise en histoire que parce qu'il est essentiellement, par la nature et la culture, voué à la mort; vieillissement et mort sont considérés comme le résultat d'imperfections ou d'accidents techniquement correctibles et donc contingents. On rêve de la maîtrise de la sénescence; on retarde indéfiniment l'agonie en multipliant les prothèses; on plonge le cadavre dans l'azote liquide avec l'espoir d'une future résurrection technique...

Modification des voies de l'apprentissage : usage d'impulsions électriques directes sur des centres choisis du cerveau pour encourager ou décourager l'installation de certains comportements; exploitation électro-chimique directe de la mémoire; insertion de micro-mémoires artificielles amovibles ou non et d'accès individuel direct (de l'intérieur); accès également direct (par voie électromagnétique) aux mémoires géantes d'ordinateurs... Certes, tout ceci demeure principalement de l'ordre du possible et du thème de recherche non de la réalisation effective. Le plus significatif est que ces possibles transforment totalement les modes naturels-culturels d'apprentissage dans lesquels l'expérience sensorielle et l'acculturation symbolique (assimilation de signes par le langage principalement) occupent une place tout à fait prépondérante. En fait, ces voies techniques d'éducation et de disposition du savoir sont d'une autre nature.

Manipulation de l'expérience externe : « Les prothèses sensorielles sont, en toute probabilité, appelées à un avenir spectaculaire. Déjà, on a pu, en reliant des électrodes implantées dans le cortex cérébral, à la sortie vidéo d'une caméra de télévision, donner à un sujet la perception en noir et blanc de motifs géométriques simples »[1]. Il en va de même pour les prothèses auditives. Une fois de plus, la médiation de l'appareil sensoriel naturel est abandonnée. Ce genre de recherches n'a pas nécessairement une finalité thérapeutique comme les prothèses se substituant à des sens déficients ou détruits. L'invention de prothèses susceptibles de doter l'individu de sens plus puissants, plus fins ou tout simplement nouveaux (ouverts par exemple à une gamme plus étendue du rayonnement) est parfaitement concevable et fait effectivement l'objet de certains groupes de recherches[2]. Les moyens cybernétiques-électroniques ne sont évidemment pas les seules voies possibles de la manipulation de l'expérience externe; il y a aussi l'ensemble des possibilités, de plus en plus fines et sélectives, offertes par la psycho-pharmacologie dont on ne sait que trop bien, par le fléau de la drogue, qu'elle modifie, par action chimique directe sur les centres sensoriels nerveux, l'univers des sensations. Or, il serait superficiel de croire que ce genre de transformation de l'expérience humaine est sans implications essentielles. Des êtres capables de percevoir toute la gamme du rayonnement électro-magnétique, par exemple, auraient une expérience du monde, un rapport à l'univers, un « sens commun », un langage et un système de valeurs, une pensée, qui les distingueraient essentiellement de

1. F. Gros, F. Jacob, P. Royer, *Sciences de la vie et société*, *op. cit.*, p. 161.
2. « Au Stanford Institute de Palo Alto, un groupe de "bio-informaticiens" travaille à rendre les sens humains plus aigus et plus complets » (R. Jungk, *Pari sur l'homme*, Paris, Laffont, 1973, p. 215).

nous qui sommes voués aux seuls nuances de l'univers optique. Tant il est vrai que la forme de vie conditionne la forme du sens et que l'étendue de notre ontologie dépend de celle de notre phénoménologie.

Manipulation de l'expérience interne : de nature chimique, électrique ou électro-chimique, elle fait des progrès spectaculaires et concerne les couches les plus élémentaires (agressivité, angoisse, plaisir…) aussi bien que les structures supérieures (activité symbolique) de la personnalité. C'est surtout depuis la découverte des neuro-transmetteurs, molécules sélectives de transmission intra-cérébrale, que l'on connaît la dépendance différenciée de l'humeur, de l'attention, de la lucidité, de l'agilité intellectuelle, de la normalité symbolique, etc.… à l'égard de la chimie fine du cerveau. Quoiqu'encore embryonnaires dans leurs applications, ces recherches ouvrent des perspectives quasi-illimitées de manipulation de l'expérience interne et donc de la relation la plus intime de l'homme à soi-même [1].

Reconstruction complexe de l'homme : le néologisme « cyborg » (contraction de « cybernétique » et d'« organisme ») a été créé pour désigner un être qui aurait été partiellement reconstruit dans un sens « symbiotechnique », autrement dit de collaboration complexe entre le vivant et la machine, en vue d'une adaptation à des milieux radicalement différents du

---

1. *Cf.* V. Packard, *The People Shapers*, *op. cit.*, « Mood management », p. 40 *sq.* ; F. Gros, F. Jacob, P. Royer, *Sciences de la vie et société*, *op. cit.*, *passim*. Voyez l'exemple, cité dans *Newsweek* (12. 11. 1980), « Drugs and psychiatry : a new area », d'un New-Yorkais prenant des substances anti-schizo, anti-hallucinatoire, anti-paranoïde et des calmants, au prix de quoi il parvient à vivre et à travailler « normalement ».

milieu terrestre naturel et pour cela absolument hostiles à la vie, spécialement le voyage spatial et l'exploration d'autres planètes. Le vaisseau spatial offre peut-être l'exemple le plus achevé de technocosme, en tout cas de « microtechnocosme », puisqu'il constitue un milieu technique total extrêmement sophistiqué et radicalement coupé du milieu terrestre originel (la seule relation existante demeurant – outre le contact radio tout à fait marginal – la communication entre les ordinateurs de bord et les ordinateurs de la base sur Terre). *La notion de cyborg pousse simplement jusqu'au bout les conséquences de la totale dépendance de l'homme à l'égard de la technique dès qu'il s'éloigne de son milieu naturel, – dès qu'il quitte le « monde » – en suggérant une technicisation effective de l'homme.* Il n'est pas déraisonnable d'interpréter ce genre de projet comme ayant la portée de *modifications spécifiques* de l'être humain, modifications obtenues par des voies totalement distinctes des voies biologiques naturelles de la spéciation et de la mutation, mais visant, elles aussi, une adaptation au milieu. Quittant le monde auquel elle est naturellement-culturellement adaptée, la forme de vie humaine est condamnée à des *mutations techniques* adaptées aux relations opératoires qu'elle noue à l'espace non mondain et au temps non historique dans lesquels la techno-science projette l'humanité.

Manipulations spécifiques : lorsqu'on parle de « manipulation », on songe tout de suite aux « manipulations génétiques ». Et il est clair qu'il s'agit là de l'une des percées les plus fascinantes de la techno-science contemporaine. La manipulation génétique de l'homme n'est aujourd'hui encore qu'un possible contre la réalisation duquel se dressent d'innombrables barrières de toutes espèces (techniques, juridiques, éthiques,

religieuses, etc.). Pourtant, elle est presque devenue
routinière sur certaines formes de vie élémentaires et des
expériences diverses ont été tentées avec un succès inégal
sur les vivants plus évolués, y compris sur des cellules
humaines (hybridation interspécifique : souris-homme)[1].
S'inspirant des analogies puisées dans l'évolution
biologique, l'imagination, non sans fondement techno-
scientifique, peut ici déployer un véritable festival
mutationnel dans le sens du « surhomme », du « sous-
homme » ou du « para-humain », des chimères entre
l'homme et une autre espèce ou tout simplement du
dépassement mutationnel de l'espèce *homo* vers une
autre forme de vie... L'important ne réside évidemment
pas dans ces contenus fantasmatiques mais dans la
perspective générale : l'idée s'impose que *l'homo
sapiens* n'est pas nécessairement le terme *ad quem* de
l'évolution, il est un produit mutationnel passible de
nouvelles mutations provoquées et ces mutations seraient
sans commune mesure avec les métamorphoses internes
à l'essence naturelle-culturelle de l'homme qui relèvent
de l'évolution historique. Toutefois, c'est une analogie
facile qui projette dans le futur la forme biologique du
passé évolutif de l'homme. Il serait dangereux de la
prendre trop au sérieux et de croire que si l'espèce doit
évoluer autrement qu'historiquement et culturellement,
cela se fera par des mutations génétiques provoquées.
Le futur étant ouvert et opaque, rien ne nous oblige,
sinon peut-être la paresse de pensée, de nous représenter
l'éventuel futur mutationnel de l'espèce sur le modèle
de l'évolution biologique. Et sans suggérer qu'à cette
hypothèse revienne davantage de probabilités qu'à la

---

1. *Cf.* V. Packard, *The People Shapers*, *op. cit.*, p. 277 *sq.*

précédente, on peut imaginer d'autres voies pour *l'homo sapiens* d'abandonner son essence que la modification génétique. Nous y avons fait allusion ci-dessus avec le *cyborg* : la reconstruction cybernanthropologique de l'espèce ou d'une fraction de l'espèce en vue de l'essaimage spatial, la dotation automatique dès le plus jeune âge de micro-mémoires et de micro-circuits logiques sertis dans le cerveau naturel[1], l'éventualité de la communication directe de l'individu avec les grands ordinateurs, etc. ; toutes ces fictions techno-scientifiques doivent être considérées comme des équivalents de « sauts évolutifs » de l'espèce, même si elles sont très différentes de la mutation spécifique classique. Tous ces possibles (dont on trouve la trace bien marquée non seulement dans la science-fiction mais dans la littérature techno-scientifique) sont essentiellement différents de la transformation culturelle-historique de l'humanité (sur laquelle ils auraient évidemment des conséquences incalculables).

L'important, c'est de reconnaître que l'humanité n'est plus considérée ici comme une essence, une nature stable, *donnée* (même si elle est vouée à s'accomplir, à se parfaire au fil symbolique de l'Histoire) mais une *species technica*, un nœud plastique de possibles inanticipables parce que techniques… Que cette plasticité ontologique (puisqu'elle concerne l'essence spécifique) soit exploitée dans le sens du mutant biologique ou du cyborg ou d'un mélange des deux ou de tout autre chose est affaire d'affinités fantasmatiques personnelles sans intérêt philosophique. Le seul point important

1. « L'ordinateur dans la tête serait partie naturelle du cerveau personnel », V. Packard, *The People Shapers, op. cit.*, p. 285.

est la reconnaissance d'une disponibilité aveugle à des transformations non symboliques : une plasticité ouverte et opaque de l'espèce engagée dans une temporalité d'invention et de construction radicales, avec failles et discontinuités, et non plus simplement dans une durée historique d'accomplissement interne et continue de soi.

« En fait, il y a de fortes chances pour que les composants biologiques des super-ordinateurs de l'avenir soient des agglomérations de cerveaux »[1]. Pourquoi pas ? Mais aussi : Pourquoi oui ? Si ce n'est en raison d'une extrapolation très aléatoire et ponctuelle due à la fascination exercée sur A. Toffler par certaines recherches contemporaines...

À la suite de V. Packard qui, au terme de son extraordinaire panorama de la plasticité technique de l'homme (*The People Shapers*), énumère les cibles de la manipulation, nous pouvons aussi conclure sur l'universalité et la nature essentielle de l'enjeu : de la conception à la mort, de l'expérience externe à l'expérience interne, de la souffrance au plaisir, de l'angoisse à la sérénité, des formes de relations élémentaires à l'activité symbolique, de la personnalité individuelle à la nature spécifique, des diverses parties du corps à la capacité de décision... toutes les dimensions essentielles de l'homme, tous ses « propres » sont ou pourront être affectés, transformés, supprimés par la technique. Au terme de ce décompte, qui volatilise la notion jaspersienne de « situation-limite », que reste-t-il d'intangible dans l'homme qui puisse servir de centre de référence et de mesure pour la technique ? On est loin de l'outil aidant l'homme à mieux vivre dans son

1. A. Toffler, *Le Choc du futur*, *op. cit.*, p. 243.

milieu naturel et lui accordant un gain d'humanité. Quelle humanité ? Une insondable plasticité.

> « On ne peut faire à la technique sa part tant que l'on ne voit en elle qu'un système de moyens » – « Derrière le problème de la technique ne se profile pas seulement cette satisfaction des besoins vitaux, si souvent invoquée »[1].

Expressément contre l'anthropologisme instrumentaliste, J. Brun accorde à la technique un statut *ontologique ou métaphysique* : « Le point de départ et les visées de l'entreprise technique sont d'ordre métaphysique »[2] – « En ce sens, la technique est une manipulation ontologique »[3]. Cette expression – « manipulation ontologique » – dit fort bien la portée, le poids qu'il convient d'accorder à la technique, et ce poids est le plus lourd qui soit. Manipulation ontologique, la technique est une contestation de la condition naturelle de l'homme : elle est l'effort obscur pour faire sortir l'essence humaine de ses gonds et de ses limites et pour la projeter vers un ailleurs qui ne serait plus ni de l'homme ni de la nature : « dépasser la différenciation qui règne dans les cadres spatio-temporels de l'existence à l'intérieur desquels l'homme souffre de ses limites »[4].

Heidegger lui aussi accorde à la technique un poids ontologique et condamne la conception instrumentaliste : « Avant tout, la technique moderne n'est pas un "outil" et n'a rien à voir avec des outils ». Pour lui aussi, il y va,

---

1. J. Brun, *Les Masques du désir, op. cit.*, p. 12-13.
2. *Ibid.*, p. 15.
3. *Ibid.*, p. 208.
4. *Ibid.*, p. 74.

dans la technique, de l'essence de l'homme : cette essence
de langage que menace l'universelle informatisation.

La phrase de Heidegger que nous venons de citer est
extraite d'un article [1], qui représente un peu le testament
philosophique de l'auteur : « Nur ein Gott kann uns
noch retten ». Cet intitulé est très significatif. Il indique
que l'évaluation non anthropologiste de la technique se
fait à partir d'un horizon qui pour le moins n'est *pas
étranger à la religion*. L'œuvre de J. Brun ainsi que
celle de J. Ellul confirment ce point. B. Gille, dans son
Histoire des techniques, montre que la technique fut
d'abord considérée comme un « don des dieux », pour
aider ou pour tenter les hommes dans la direction d'un
dépassement de la condition humaine ; progressivement
(avec les figures de Prométhée puis de Dédale), on assiste
à une humanisation et à une laïcisation de la technique
qui ira jusqu'à la dévalorisation classique au profit de la
theoria.

Comme nous reprendrons longuement la question
de l'évaluation non anthropologiste de la technique,
nous nous limiterons ici à deux réflexions. D'abord,
nous pensons que la pensée mythique et religieuse
comprend plus justement que la pensée positiviste,
pragmatiste et humaniste ordinaire la portée réelle de
la technique. La myopie de l'humanisme utilitariste
laïc est dangereuse dans la mesure où il abandonne *de
facto* à des forces obscures, irrationnelles, les réactions
suscitées par l'univers technicien perçu selon son poids
et sa portée effectifs : an-anthropologiques. Tel serait le
sens de la montée diffuse et inquiétante d'une nouvelle

1. In *Der Spiegel*, 31. 5. 1976.

religiosité (le phénomène des « sectes »), du renouveau de certaines grandes religions (l'Islam), de la fascination pour les religions extrême-orientales, de l'extension des « ailleurs » artificiels, etc., phénomènes qui tendent à se développer le plus intensément dans les parties les plus techniciennes de l'Occident : la Californie, par exemple. La seconde remarque, c'est que l'interprétation religieuse du phénomène technique procède d'une illusion régressive qui tout en accordant à la technique une densité et une importance correctes, tend à la refuser globalement et surtout à la rabattre sur une forme purement symbolique de péril : à travers la technique, l'humanité pécherait par orgueil, présomption, démesure... Mais cette folie qui conduit l'homme à contester sa nature et la nature n'aurait aucune possibilité de réalisation effective : elle conduira au désastre qui sera punition parce que ce que l'imaginaire technicien vise est non seulement immoral (illégitime) mais aussi impossible. L'ouvrage de Jean Brun illustre parfaitement ce glissement de l'attention au *fait et au possible techniques réels* vers le souci exclusif de *l'imaginaire, de la symbolique et de la fiction des techniques*. Il refuse ainsi de voir qu'à la différence des techniques du passé, la techno-science contemporaine acquiert effectivement *les moyens de sa « démesure »*.

8. L'ILLUSION D'UN ÉVOLUTIONNISME ANTHROPOCENTRÉ

L'évolution biologique et l'évolution culturelle font partie d'un seul et même phénomène naturel. Phénomène qui, un jour ou l'autre, finira par tomber sous le contrôle

de l'homme. Alors l'humanité se heurtera au plus grand
« défi » de son histoire biologique et culturelle [1].

Dans les développements qui précèdent, il a souvent
été question d'évolution et de mutation. Dans la mesure
où l'on identifie, ainsi qu'il est fréquent, la technique à
la maîtrise de la nature – l'homme étant le maître-sujet
qui utilise à son gré et selon sa volonté les forces de la
nature –, le point de vue évolutionniste semble offrir la
perspective immédiate d'une prise en charge technique
par l'humanité de sa propre évolution. Cette conception
– assez répandue parmi les praticiens de la techno-
science qui ne sont pas entièrement obnubilés par les
grilles socio-économico-politiques – plaît par ce qu'elle
présente d'optimisme conquérant et de gain apparent de
lucidité. *Le Choc du futur* d'A. Toffler s'achève sur une
invitation qui est en même temps un glorieux devoir :
l'homme se doit aujourd'hui d'assumer consciemment
son évolution qu'il devient capable d'infléchir. Et les
trompettes anthropo-théo-logiques d'entonner la marche
de l'épopée évolutionniste de l'Humanité…

Il y a dans cette vision une grande naïveté et une
profonde cécité à l'égard de la nature et des conséquences
réelles de ces nouveaux « pouvoirs » échus à l'homme.
Pour que l'on puisse parler d'une prise en charge
consciente par l'homme de son évolution future (au sens
lourd du terme « évolution »), il faudrait que la techno-
science ne soit pas invention, créativité inanticipable ; il
faudrait que l'on puisse savoir d'avance quelles seront
les conséquences et les formes de tel ou tel essai sur
l'homme. Or il est précisément impossible de prévoir ce
que sera, ce que fera, comment évoluera une humanité

1. T. Dobzhansky, *L'Homme en évolution*, *op. cit.*, p. 35.

partiellement ou globalement transformée par les moyens de la technique, même dans le cas où ces « mutations » demeurent bénignes, absolument pas « monstrueuses » et opérées, apparemment, pour « le plus grand bien » de l'homme. Que serait une humanité entièrement débarrassée de ses « déviants » génétiques ? Que sera une société parfaitement informatisée ? Quel serait le rapport à l'histoire, à l'action, à la techno-science (etc.) d'une collectivité dont l'espoir de longévité aurait doublé ou triplé ? Comment se comporterait une société pacifiée, libérée de toute agressivité et de toute angoisse, par des moyens neurochimiques ? Que deviendrait l'homme s'il supprimait tous les freins de la technologie de la procréation ? On peut imaginer – et on a imaginé – bien des scénarios en réponse à ces questions. Mais cette multiplicité – qui est l'ouverture du possible – n'est encore une fois que la face apparente d'une opacité absolue : nous n'en savons rien. Et nous savons moins encore s'il faut ou non se décider pour l'un ou l'autre possible, l'une ou l'autre « mutation », même « bénigne ». En réalité, nous ne sommes pas sûr de pouvoir « décider » vraiment. Qui décide de l'informatisation en cours de la société ? Qui décide du développement des bio-technologies ? Il n'y a pas de réponse simple à ces questions et on a l'impression, ni tout à fait fausse ni tout à fait fondée, que *cela se fait* en dépit de tout ce que nous pouvons décider.

L'humanité ne sait pas plus où elle va (en fait elle le sait infiniment moins, ou plus exactement *elle est moins sensible à l'illusion de le savoir*) qu'il y a un millénaire. *L'évolution historique est aussi aveugle, en dépit des apparences que l'évolution biologique* : elle entretenait seulement le mirage de l'eschatologie, du sens et de la fin. La techno-science précipite la ruine de ce mirage.

Sous cet angle, on peut parler d'un gain de lucidité, mais qui ouvre seulement sur le trou noir du futur. Nulle prise de conscience d'un sens nouveau ou d'une mission, d'un but à réaliser... Les entéléchies de l'humanité sont – nous l'avons vu – historiques, culturelles, symboliques : internes à l'essence logothéorique et axiologique de l'homme. La technique, étrangère à cette essence, ne peut être planifiée à partir de cette essence qu'elle conteste fondamentalement. Autrement dit, de ce pouvoir de « manipulation ontologique » qu'il reçoit, l'homme ne sait que faire parce que là où la manipulation acquiert l'ancien poids de l'être, tout fondement et tout sens se sont évanouis au profit d'une opérativité aveugle et d'une plasticité muette, sans fond, dont l'humanité est le produit et le véhicule, mais jamais le directeur, l'auteur ou le sujet.

9. L'Impossible inscription de la technique

Traditionnellement, l'ordre symbolique inscrit sans reste la technique : celle-ci est à l'enseigne du signe, insérée dans la culture. Elle a une place, une fonction, une valeur et un sens déterminés dans le monde et l'histoire. Traditionnellement, la technique ne prend nullement l'allure d'une menace pour l'essence logo-théorique et axio-logique de l'homme : elle ne mine pas les gnoses de l'espace et du temps, elle ne fait pas vaciller les bases mêmes de toute eschatologie, de toute cosmologie et, plus généralement, du projet ontologique : les outils sont des « étants » si anodins, si limités et clairement définis que le philosophe leur accorde une attention tout à fait marginale. La technique paraît inscrite et circonscrite par le signe.

Aujourd'hui, cette intégration symbolique de la technique est devenue littéralement *impossible* (ce qui n'exclut pas qu'il existe d'innombrables illusions d'inscription *idéologique*). L'expérience du temps induite par l'univers technicien est celle d'une ouverture et d'une opacité radicales qu'aucun signe n'est susceptible de rendre parlantes et transparentes. La nouveauté de la technochronie, qu'aucune chronologie n'anticipe ou ne guide, la met à part de toute *eschatologie mais aussi de toute tradition*.

> La technique est devenue autonome et forme un monde dévorant qui obéit à ses lois propres, reniant toute tradition. La technique ne repose plus sur une tradition, mais sur la combinaison de procédés techniques antérieurs [1].

L'expérience de l'espace induite par l'univers technicien est soit celle du milieu technocosmique qui, composé de « boîtes noires » n'est pas en attente de métamorphoses symboliques, soit celle de l'espace techno-scientifique hors de portée de la voix et du regard. A l'un comme à l'autre, l'homme se rapporte proprement *de façon opératoire et non symbolique*.

L'opératoire technicien qui a investi le temps et l'espace contemporains est, essentiellement, rebelle à l'assignation symbolique. La crise d'humanité que nous subissons s'enracine dans cette situation : l'homme ne trouve plus l'emploi de son destin d'assignateur de l'espace et du temps. Heidegger, dans son très beau *Hebel. Der Hausfreund* exprime cette désolation en disant qu'il nous manque l'« Ami de la Maison » : « Nous

---

1. J. Ellul, *La Technique ou l'enjeu du siècle, op. cit.*, p. 12.

errons aujourd'hui dans une Maison du Monde à laquelle fait défaut l'Ami de la Maison, celui à qui reviennent, de la même manière et avec une force égale, le monde techniquement construit *et* le monde comme demeure originelle. Cet Ami de la Maison fait défaut qui pourrait réapproprier la calculabilité et la technicité de la nature dans l'ouverture secrète d'une nouvelle expérience de la naturalité de la nature » [1]. Cependant, pour Heidegger, la situation n'est pas sans espoir : l'Ami de la Maison est attendu qui, un jour, nous apportera les symboles d'un univers réassigné, c'est-à-dire d'un monde redevenu habitable, docile au regard et à la parole. Cette reconquête symbolique du technocosme serait, bien entendu, déjà amorcée dans le discours heideggérien. Nous ne nous rallions évidemment pas à cette vision édulcorée de la technique et de la différence entre l'ordre technicien et l'ordre symbolique.

10. Renversement d'inscription : de l'idéologie à l'informatisation

L'*altérité* profonde et irréductible du technique et du symbolique une fois admise, il convient de reconnaître aussi que l'un et l'autre ne sont *pas sans relations* et que celles-ci se révèlent particulièrement complexes, et même singulièrement embrouillées. Sous formes diverses et peu reconnaissables, l'ordre technique retentit sur l'ordre symbolique et remodèle secrètement ou ouvertement celui-ci. Le détournement technicien du symbolique est toujours *idéologique* ou du moins s'accompagne de la production d'une idéologie (également là où, comme pour le processus d'informatisation, l'annexion technique est

1. M. Heidegger, *Hebel. Der Hausfreund*, *op. cit.*, p. 31.

ouverte et effective). Cela signifie, notamment, qu'il se fait sous le couvert de son contraire : on a l'illusion que le signe (la culture, l'histoire) réussit à inscrire la technique alors que c'est celle-ci qui le gouverne en secret. Ainsi, par exemple, la production philosophique de langue française, dont la prétention demeure celle, englobante bien que très subtilement, du logos philosophique traditionnel, est profondément conditionnée par le technocosme ambiant qu'elle affecte cependant d'ignorer, de mépriser ou de récupérer facilement. Cette influence technicienne s'exprime surtout par l'accentuation de la matérialité et de l'opérativité du langage (écriture, signifiant, marque, graphe, texte, structure, rhétoricité...).

On peut énoncer en principe qu'*est idéologique toute forme de négation* (brutale, naïve, oblique, indirecte, subtile...) *de la différence radicale qui existe entre le technique et le symbolique. Est idéologique toute tentation d'inscription de la technique dans le symbolique qui n'ait pas au préalable pris la juste mesure de cette différence. Sont idéologiques toutes les formes de cécité ou de mépris à l'égard de la techno-science et de la réalité technocosmique ambiante qui trame notre expérience du temps et de l'espace.*

Une forme très remarquable de la négation de la différence entre le technique et le symbolique est la conception selon laquelle le langage serait un outil[1]. On pourrait la nommer l'idéologie de la « techno-logie universelle », car elle tend à assimiler l'ordre symbolique tout entier à un ensemble d'outils à fonctions diverses :

---

1. Toujours sensible à ce qui affecte l'essence du langage (et donc l'être de l'homme), Heidegger dénonce cette mutation instrumentaliste du langage (cf. *Hebel, Der Hausfreund, op. cit.*, p. 35, *passim*).

outils de communication et véhicules d'informations, mais également outil de manipulation conative et donc levier indirect d'action individuelle et collective. L'idéologie du signe-instrument oscille de l'instrumentalité informatique à l'instrumentalité rhétorique.

La conception techno-logique du langage constitue cependant une idéologie tout à fait spéciale. Elle est une idéologie *formelle* ou du second degré : une *méta-idéologie*. Car elle est *au sujet* du véhicule (le langage, le discours, le signe, le règne du symbole) de toute idéologie possible. Elle n'a pas à proprement parler de contenu, si ce n'est celui de l'assimilation universelle du *logos* à la *technè*, assimilation abusive et illusoire qui brouille les deux ordres tout en confortant le règne du technique. Cette méta-idéologie de la « technologie universelle » ne peut pas s'imposer, elle doit rester à l'arrière-plan pour qu'une idéologie proprement dite puisse « prendre ». Car une idéologie dont on saurait et dont on dirait qu'elle est idéologie, c'est-à-dire manipulation subreptice et orientée de signes et non *vérité* (jugement que comporte nécessairement la méta-idéologie) ne pourrait pas remplir son office d'idéologie, c'est-à-dire d'illusion efficace, de mystification qui donne le change de la vérité.

Une idéologie technicienne ordinaire doit donc se présenter sous le couvert d'un langage non techno-logique, d'un discours de vérité. Jacques Ellul est un auteur particulièrement perspicace et habile à dépister l'influence essentielle de la technique sous les discours apparemment les plus anti-techniciens[1].

---

1. Aussi nous permettons-nous de renvoyer ici à son œuvre en nous limitant aux quelques indications générales indispensables à notre analyse *philosophique*.

Un ensemble très important de discours de ce genre se laissent regrouper sous le signe de *l'humanisme progressiste* généralement proche de l'idéologie socialiste. « L'exigence d'égalité absolue [...] n'est rien d'autre que le produit idéologique de l'application illimitée de la technique »[1].

Mais à l'opposé des mots d'ordre de la collectivisation et de la socialisation organisée des individus et des peuples, les porte-parole de la libération des mœurs, de l'individualisme, de la désuétude des morales et de l'idéologie du « il est interdit d'interdire » sont « de parfaits conformistes de l'orthodoxie technicienne implicite. Ils croient combattre pour la liberté mais en réalité c'est la liberté de la technique »[2]. Comme nous le verrons plus loin, « l'impératif catégorique » propre à l'ordre technicien est précisément la consigne de l'amoralité et de la liberté absolues : « il faut faire tout ce qu'il est possible de faire ». Les idéologies de la liberté et de l'émancipation sans frein résonneraient, sans le savoir, au diapason de l'impératif technicien.

Le danger de ces expressions idéologiques de la technique est qu'elles accordent une finalité, un but, une valeur, un sens qui *paraissent transcendants par rapport à la technique et qui semblent provenir d'un lieu ou d'une instance extérieurs, voire absolument étrangers, au technocosme alors qu'elles font secrètement le jeu du système, n'étant que des sécrétions symboliques de la technique.* Or, dès lors que le rare espace de réflexion encore préservable à l'intérieur du technocosme et de la technochronie où nous vivons et mourons, se trouve,

---

1. J. Ellul, *Le Système technicien, op. cit.*, p. 83.
2. *Ibid.*, p. 168.

subrepticement, lui-même investi par la technique, plus rien ne s'oppose au démarrage absolument autonome de l'ordre technicien puisqu'il aura réussi à produire l'illusion d'une justification spéculative qui annexe secrètement et fondamentalement son autre – l'ordre symbolique – en feignant de s'y soumettre. Ainsi, la technique se joue de l'essence axiologique et logothéorique de l'homme.

Comme le note encore J. Ellul, il se pourrait fort bien que cristallise une idéologie entièrement technicienne qui aurait l'air d'échapper au système technicien et de lui imposer une finalité transcendante, alors qu'elle serait en fait l'expression même du mouvement du système. « Cette finalité serait, en réalité, totalement incluse dans le système des moyens. Mais elle apparaîtrait idéologiquement comme une finalité. Ceci représente le véritable et probablement le seul danger de la croissance technicienne [...] à ce moment, le système se clôt entièrement étant devenu complet »[1].

Toute tentative (ouverte ou secrète) de maîtrise symbolique de la technique est idéologie. Ceci comporte plusieurs aspects : a) l'insertion symbolique de l'homme dans l'univers technicien est impropre, abusive, car c'est au milieu naturel seulement que l'homme se rapporte légitimement par son mode naturel de relation qui est le langage ; b) parce qu'idéologique, le champ symbolique de la pseudo-insertion culturelle de la technique présente une *contradiction fondamentale entre son contenu d'une part, son origine, sa finalité et sa fonction d'autre part.* Son contenu est celui d'une remise salutaire de la technique au champ logothéorique et axiologique du symbole. Mais son origine et sa finalité sont techniciennes en même

---

1. J. Ellul, *Le Système technicien, op. cit.*, p. 286.

temps que sa fonction puisqu'un discours idéologique est *manipulateur/manipulé* et non contemplateur, *techno-logique* et non plus théorique ou ontologique. Le règne contemporain des idéologies n'est peut-être que le reflet de l'affirmation dans le champ des signes du primat et de l'universalité des techniques. Le règne des idéologies exprime le fait que le rapport de l'homme au symbole s'est dénaturé en se faisant manipulateur. C'est cette « vérité » qu'énonce formellement l'idéologie de la « techno-logie universelle ».

> La technique, écrit J. Ellul, était traditionnellement englobée dans une civilisation dont elle faisait partie, maintenant c'est de la technique que tout dépend, elle domine tous les autres facteurs et c'est elle qui est l'élément englobant à l'intérieur duquel tout se situe[1].

Cette souveraineté de la technique n'est pas seulement celle, oblique et masquée, des inscriptions idéologiques d'elle-même qu'elle commande secrètement. *L'expression idéologique de la technique ne constitue pas un véritable renversement d'inscription*. Celui-ci se produit là où *le champ symbolique* (*le langage, la culture*) *se trouve effectivement et tout à fait ouvertement technicisé*. Telle est la portée du *processus d'informatisation* qui est *une entreprise systématique d'inscription du symbolique dans le technique*, par le biais de la refonte et du stockage sélectifs du savoir de l'humanité dans les banques de données et par le canal de la progressive imposition au langage de la syntaxe opératoire des langues techni-ques. Le jour où seule demeurera disponible la masse symbolique informatiquement stockée et seules demeu-

---

1. *Ibid.*, p. 214.

reront fonctionnelles les formes informatiques de la communication, le renversement d'inscription sera réalisé. Nous ignorons tout du type d'humanité (si le mot convient encore) qui pourrait hanter semblable « technonoosphère ».

11. Technophobie philosophique

Le philosophe – du moins celui qui (comme Heidegger) perçoit le caractère de « monstruosité incommensurable » de la techno-science, du technocosme et de la technochronie – éprouve à l'égard de la technique une répulsion qui s'associe soit à une réaction d'atténuation, d'édulcoration (qui est dénaturation) du règne technique soit à un réflexe de mépris et d'aveuglement. A l'entr'aperception correcte de la technique, le philosophe répond par une *litote ou une forclusion*.

L'atténuation consiste le plus souvent à détourner l'attention du *fait* techno-scientifique et des possibles effectifs (non symboliques). Dès lors, la « menace » éprouvée est assimilée à une menace *symbolique*. Même si elle demeure comme telle considérable, elle est essentiellement exorcisée puisque la technique a cessé d'être *l'autre du symbole* pour devenir du symbolique pervers, fourvoyé, égaré. Ceci a lieu dans toutes les évaluations de la technique qui assimilent celle-ci à une folie, un péché d'orgueil, une faute de démesure vouée, de toute façon, à l'échec mais susceptible, en son audace démente, de causer « la perte de bien des âmes » ou « d'égarer beaucoup d'esprits ». La technique serait toujours du logos, mais du logos forcené.

Il serait intéressant de consacrer une étude systématique aux diverses stratégies discursives par lesquelles les philosophes s'efforcent d'attirer la technique du côté du signe, du langage et du symbole afin de la rendre docile à leur maîtrise. Heidegger est à cet égard tout à fait exemplaire. Pour lui, ce n'est pas le *fait* technique (le technocosme, la technoscience en marche) qui importe mais l'être (*Wesen*) de la technique. Or, l'être de la technique est affaire de mots et se livre dans le langage. Le philosophe soucieux de « comprendre » la technique doit se mettre à l'écoute du langage et à la pratique de l'herméneutique étymologique[1]. H.J. Meyer[2], dont le propos est influencé par Heidegger accomplit « un geste analogue » : l'important n'est pas la technique mais le type de pensée (objectivante, calculante) qui est à l'origine de la technique. Cette forme de pensée procéderait d'un fourvoiement du logos dont on peut remonter la piste historique, qu'il est possible d'amender et qui, de toutes façons, rencontrera de lui-même ses limites.

Sous sa forme la plus grossière et la plus superficielle, la réaction d'atténuation consiste à dire que le parti pris technique est fondé sur un opérationalisme, un pragmatisme, un positivisme ou encore un scientisme, c'est-à-dire relève d'une attitude *théorique* aberrante ou légère, oublieuse de la vérité de l'homme et de son logos.

Le réflexe de *forclusion* est à la fois plus radical et plus fondamental[3]. Dans la mesure où la litote philosophique que nous venons d'évoquer s'appuie sur le mépris ou l'ignorance du fait techno-scientifique, une forclusion plus ou moins profonde peut être repérée à la

1. Voyez « Die Frage nach der Technik » et « Wissenschaft und Besinnung ».

2. *Cf.* H.J. Meyer, *Die Technisierung der Welt, op. cit.*

3. A ce propos nous nous permettons de renvoyer le lecteur à notre ouvrage : *L'Inflation du langage dans la philosophie contemporaine.*

base de ces atténuations. La forclusion est une réaction de rejet massif et essentiel de l'univers technicien : le philosophe ne s'en soucie pas, il l'ignore, il ne le voit pas, il n'en parle pas. Ce silence est souvent sans faille et l'on est à juste titre sidéré par le dédain ou la cécité avec lesquels la plus grande partie de la philosophie du XXe siècle a traité notre contemporanéité technoscientifique. Mais là où, comme chez Heidegger, le silence n'est pas complet, où dans les fissures du discours perce quelquefois l'objet même du rejet, on comprend que la forclusion du technocosme est tout autre chose qu'une insignifiante absence d'intérêt ou qu'un oubli sans raison et sans conséquence. *La forclusion de la technique procède directement de la perception du caractère proprement inassignable de la technique.* Le philosophe se tait parce qu'il n'a pour la technique *aucun signe, aucun nom.* Cette carence n'est pas un défaut provisoire ou contingent : elle est l'aveu indirect d'une altérité fondamentale et irréductible qu'on s'efforce cependant de masquer ou d'atténuer à tout prix. Plus le philosophe est sensible à l'altérité de la technique, plus profonde sera la forclusion ; plus significative aussi. La forclusion de la technique par la philosophie contemporaine à un envers spectaculaire : *l'inflation du langage.* Si la forclusion est le mécanisme qui explique la genèse de la schizophrénie, et si la schizophrénie est une impuissance essentielle à symboliser le réel extralinguistique qui s'accompagne d'un enfermement dans le champ symbolique et d'une émancipation extraordinairement profuse des signes, alors il est légitime de dire, à titre de métaphore très significative, que *la philosophie est devenue schizophrène en réaction à l'univers technicien.* Technophobie, schizophrénie philosophique, forclusion de la technique et inflation du signe sont étroitement liées et renvoient à une raison essentielle : l'inassignabilité de la technique, la différence de la technique et du symbole.

La technophobie atteint une intensité culminante chez le philosophe sensible à l'univers technicien et ce en vertu d'une nécessité parfaitement compréhensible : étant « l'homme le plus humain », le philosophe est le plus prompt à réagir à tout ce qui dans la technique conteste l'essence logothéorique et axiologique de l'homme. Ainsi, Heidegger, après avoir rappelé que l'homme est l'être-au-langage, l'être-pour-la-mort, celui qui habite le monde et qui hante l'histoire, écrit que la technique est cela qui nous projette dans l'an-historique (*Ungeschichtliches*), dans le non-monde ou l'im-monde (*Unwelt*), cela qui rend la mort contingente et qui travaille à la destruction du langage.

L'angoisse maximale du philosophe technophobe se concentre sur le domaine de la cybernétique et de l'informatique. Une fois de plus, ce choix répond à une nécessité profonde puisque de toutes les déterminations d'essence, celle d'être-symbolique, d'animal voué à la culture est la détermination de l'homme la plus fondamentale : « Construire des symboles et employer un langage symbolique sont les facultés les plus distinctives de l'homme »[1], et que la philosophie accomplit de la façon la plus éminente cette essence langagière de l'homme. Aussi est-il non seulement compréhensible mais nécessaire que le philosophe perçoive dans le développement de la cybernétique et de l'informatique la menace suprême, le crime contre-langage (c'est-à-

---

1. T. Dobzhansky, *L'Homme en évolution*, *op. cit.*, p. 242.

dire en l'occurrence aussi bien contre-nature que contre l'humanité, et le crime de lèse-majesté philosophique). « La machine linguistique (*Sprachmaschine*) règle et mesure à partir de son énergie et de son fonctionnement mécaniques les modalités de notre emploi possible du langage. La machine linguistique est, et plus encore sera, une façon pour la technique moderne de disposer du monde du langage même » [1].

A la question : « Qui est-ce qui prend la place de la philosophie ? », Heidegger répond : « La cybernétique » [2].

Par cette réponse qui peut paraître sibylline, Heidegger reconnaît en même temps la portée réelle de la technique (portée que l'on est en droit d'appeler « ontologique » au moins analogiquement puisqu'elle prend la place de la philosophie) et le lieu de concentration maximale du danger spécifique qu'elle représente.

Cependant, en dépit de sa nocivité essentielle, la menace que constitue la technicisation du langage (ce que nous avons appelé le renversement d'inscription) ne serait pas sans espoir ni remède. Cette relative bénignité de la technique, selon le philosophe, tient, comme nous l'avons déjà indiqué, dans son refus foncier de reconnaître comme irréductible la différence entre l'opératoire (technique-mathématique) et le langage (logothéorique-axiologique), la répugnance viscérale à admettre que la technique soit vraiment l'autre du symbole. Dès lors, l'opératoire reste un parent éloigné (égaré, prodigue, traître... peu importe) du logos et conserve avec le langage naturel un lien d'essence : c'est de ce cordon ombilical, impossible à couper, que viendrait le salut.

1. Heidegger, *Hebel. Der Hausfreund, op. cit.*, p. 36.
2. « Nur ein Gott kann uns noch retten ».

« Tout calcul, au sens large et au sens étroit, toute pensée, toute traduction se meut quand même dans l'élément du langage »[1]. « Quand nous nous ouvrons proprement à *l'essence* de la technique, nous nous trouvons pris, d'une façon inespérée, dans un appel libérateur »[2]. Car l'*essence* de la technique (non le *fait* technique) étant une question de *logos*, renvoie évidemment au langage comme à son origine et à son destin. Le discours philosophique – heideggérien – serait là pour recueillir et déployer cet appel libérateur perceptible lorsque l'on se met à l'écoute du prétendu « logos » de la technique. *La négation de la différence irréductible entre le règne technique et l'ordre symbolique, la cécité à l'égard du caractère inassignable de la technique constituent l'illusion constitutive de la philosophie au xx e siècle.* Elle se déploie pourtant sur fond de la perception de la monstruosité absolue du règne technicien : « l'im-monde technocosme ».

J. Ellul note que l'inflation contemporaine du langage est « une expression mécanique de la réaction compensatoire du système technicien »[3]. Il existe, en tout cas, *un lien intime et nécessaire entre la techno-phobie philosophique et l'inflation du langage en philosophie. L'une et l'autre s'enracinent dans la mise en danger de l'essence langagière de l'homme.* Sous l'effet dislocateur – c'est-à-dire destructeur mais aussi émancipateur, libérateur – de la technique, tout se passe comme si le logos en l'homme s'affolait, se déchaînait en un flamboiement d'apocalypse. L'inflation du langage

---

1. M. Heidegger, *Hebel. Der Hausfreund*, *op. cit.*, p. 35. Peut-être est-ce Jünger qui, fortement influencé par Heidegger, a le plus systématiquement explicité cet argument dans « Sprache und Kalkül ».

2. M. Heidegger, *Lettre sur l'humanisme*, *op. cit.*, p. 35.

3. J. Ellul, *Le Système technicien*, *op. cit.*, p. 128.

dans la philosophie contemporaine est l'expression culminante de cette apothéose qui est en même temps le chant d'agonie du signe.

LE RÈGNE TECHNIQUE

1. Un règne spécifique

J. Ellul est, probablement, le penseur de la technique qui a eu la conscience la plus aiguë de la spécificité de la technique. « Il est très difficile d'accepter que nous vivons dans une société sans commune mesure avec celles qui ont précédé, que l'expérience et la pensée des ancêtres ne peuvent nous servir de rien » – « L'homme de notre société n'a aucun point de référence intellectuel, moral, spirituel à partir de quoi il pourrait juger et critiquer la technique » [1].

L'originalité absolue de l'univers technicien frappe d'obsolescence toute l'expérience du passé, toute cette masse traditionnelle de signes et de symboles dont nous héritons, que nous entendons encore mais qui, étant sans commune mesure avec ce que notre présent comporte de plus spécifique, n'éclaire pas celui-ci, au contraire. La spécificité de l'ordre technique exige d'être affirmée et protégée non seulement contre les assimilations réactionnaires du passé mais aussi, et sans doute plus encore, contre *les grilles réductrices du présent*,

---

1. J. Ellul, *Le Système technicien, op. cit.*, p. 101, p. 352.

spécialement les grilles politiques et socio-économiques. Rien n'est plus faux et trompeur que de prétendre ou de faire comme si la technique n'était qu'un épiphénomène du politique, de l'économique ou, plus vaguement, de la société, alors qu'à l'évidence l'importance et la forme du politique, de l'économique et du social sont intégralement conditionnées par la technique, tout spécialement par les techniques de communication. La technique croît et prolifère, certes inégalement, sur les terres idéologiques (et donc les organisations politico-économico-sociales) les plus variées et les plus opposées : de l'URSS aux USA, de l'Europe au Japon, de l'Inde à Israël... mais aucun de ces États n'est pensable ou viable sans la technique et celle-ci est, en gros, partout la même.

La spécificité de la technique est d'abord celle d'un *milieu* et d'un *règne*.

Il y a dans la technique une tendance profonde à se constituer en milieu autarcique, isolé du reste de l'univers (et que balance une tendance également puissante à la prolifération, à l'extension et à l'assimilation de ce qui l'entoure). Cette tendance à l'isolement artificiel apparaît déjà, notons-le, dans la science moderne dès que celle-ci se fait science *expérimentale*, c'est-à-dire dès qu'elle aborde la nature, non plus avec la passivité de l'observation empirique ou de la contemplation spéculative, mais par le biais opératoire du calcul et de l'instrument qui découpent et contraignent le phénomène appréhendé. Le technocosme est le milieu naturellement sécrété par cette science expérimentale devenue techno-science. Nous avons déjà souligné à quel point le milieu technocosmique est *complet* et accompagne l'homme dans toutes les démarches de son existence, comme une (seconde) nature. L'individu naît et meurt, dans la mesure du possible, dans le microcosme technique particulièrement sophistiqué du milieu hospitalier. Du confort domestique aux dernières informations concernant la nature du vivant ou la structure du cosmos, informations conquises et transmises par les moyens de la technique, depuis ses fonctions les plus élémentaires à ses activités les plus intellectuelles, l'individu se trouve assisté et investi par la technique. Il s'agit certes d'un *truisme* mais cette évidence même tend à dissimuler l'omniprésence effective et efficace de la technique ainsi que son caractère inouï. Un prodige devenu familier n'étonne plus, ne se voit même plus à la longue.

> « La technique tend, aveuglément, à remplacer la totalité de ce qui a formé l'écosystème naturel ». – « Il ne vient pas plus à l'idée de celui qui s'éveille à la conscience de récuser, de contester le milieu technique sous ses aspects sensibles qu'à l'homme du XIIe siècle de contester l'arbre, la pluie, la cascade. » – « Car le sommet du développement technique, c'est la disparition de l'appareil [...] le maximum de complexité technique produit l'image d'un maximum de simplicité [...]. L'universalité du milieu technique produit l'image d'une nature »[1].

L'autarcie technocosmique culmine dans les réalisations et les projets de voyages spatiaux : l'espace extra-terrestre, qu'il s'agisse du vide ou d'autres planètes, semble bien être le lieu dans lequel la technique est appelée à donner toute sa mesure conformément à sa propension la plus intime de se rendre totalement indépendante des milieux naturel et culturel. Ce n'est pas sans raison que l'imaginaire associé à la techno-

---

1. J. Ellul, *Le Système technicien, op. cit.*, p. 57 ; p. 344 ; p. 350.

science hante de préférence l'espace cosmique (et le futur) comme si le règne technique était spontanément porté à « vivre » et à proliférer là où la vie naturelle et la culture ne sont pas possibles. « Cela fonctionne de partout, écrit Heidegger. Telle est précisément l'étrangeté inquiétante (das Unheimliche) : le fait que « cela » fonctionne et pousse toujours à un fonctionnement plus avant et plus étendu, le fait aussi que la technique détache toujours davantage l'homme de la Terre, le déracine »[1]. Cette « émancipation » technicienne de l'homme n'est pas seulement à prendre au figuré ni surtout comme une libération « entéléchéique ». Elle postule non un accomplissement de l'*homo sapiens*, mais une reconstruction de celui-ci devenu « Species Technica » : l'hôte fonctionnel des micro-technocosmes de l'espace sera le cyborg, non le « vivant parlant ». Plus encore qu'un milieu, qui connote un état de choses statiques, la technique constitue un *règne* absolument nouveau.

On a parlé de « technosphère », de « technostructure », d'« ordre » ou de « système » techniciens, de « techno-nature » ou de « croûte technique »...[2], ce n'est pas par un vulgaire souci d'une très relative originalité que nous préférons globalement parler d'un *règne technique*, comme on parle des règnes minéral, végétal, animal et du règne humain. Le terme « règne » nous paraît particulièrement bien convenir pour évoquer l'ampleur, la spécificité, l'homogénéité organique, le dynamisme de croissance totalitaire et de prolifération universelle, l'autonomie et la relative indépendance, enfin la grande

---

1. « Nur ein Gott kann uns noch retten ».
2. *Cf.* J. Ellul, *Le Système technicien, op. cit.* ; L. Mumford, *Technique et Civilisation, op. cit.* ; G. Pierre, *L'Ère des techniques*, Paris, P.U.F., 1974, Galbraith...

concrétude de la technique. Le règne technique est aussi différent du règne humain (culturel-symbolique) que celui-ci est différent du règne animal, ou encore comme le règne végétal diffère du règne minéral. Mais cette différence n'est pas synonyme d'une séparation sans échanges. Le règne végétal se nourrit du minéral, l'animal du végétal; le règne humain, d'abord chasseur et agriculteur, s'est soutenu des deux règnes inférieurs. Considérons que la dépendance du règne technique par rapport au règne symbolique humain (mais aussi par rapport aux trois autres règnes) est de cette forme : pour subsister et pour croître la technique a évidemment besoin des hommes – de la nature et de la culture –, mais *cela ne signifie pas* – et il faut souligner ce point vigoureusement – que *le règne technique soit gouverné par ce dont il dépend, ni qu'il y soit subordonné et encore moins réductible*. L'analogie du *règne* est utile pour guider une approche du phénomène technique qui ne soit plus anthropologiste et instrumentaliste et qui place donc la technique dans une lumière plus conforme à la réalité et au possible.

2. UNE CROISSANCE AUTONOME AVEUGLE

Une double erreur entraîne à croire que la croissance technique, fondamentalement, s'enracinerait dans et serait gouvernée par la subjectivité créatrice de l'homme[1]. Il s'agit de la conception erronée de la technique comme

---

1. Cette illusion revient comme un *leitmotiv* dominant à travers tout l'ouvrage de E. Schuurman : *Technology and the Future*. Il la répète sans désemparer chaque fois qu'il rencontre un auteur (et ils sont nombreux) qui interprète le procès technicien comme largement autonome, indépendant.

pur moyen – instrument au service de l'homme d'une part et de l'illusion d'autre part qui invite à se représenter la croissance technique sur le modèle de l'invention individuelle et, au-delà, *par analogie avec la création artistique.* « L'acte de création est, je suis sûr, le même en science que dans les arts »[1].

La conception instrumentaliste de la technique, extrêmement répandue et ancienne ainsi que nous l'avons vu, peut sembler justifiée lors d'un envisagement microscopique du règne technicien (lorsqu'on considère tel ou tel objet technique, qui effectivement a un usage ou une fonction). Sous cet angle, le technocosme est plein d'instruments, de moyens, de choses utiles et serviles qui n'ont d'existence qu'en fonction de la satisfaction d'un besoin ou d'un désir ; encore que ceux-ci, et les fins techniquement comblées en général, n'existent souvent que parce que les moyens techniques de les satisfaire sont là au préalable, disponibles, selon le processus bien connu qui fait que dans une société technicienne les moyens tendent à engendrer les fins – ou du moins les demandes, les besoins qui jouent le rôle de cibles *a posteriori.* Il existe un curieux mouvement propre à la technique : son accroissement autonome causal tend à produire l'illusion d'un progrès appelé par des fins qui ne sont en fait que des justifications après coup d'une croissance aveugle. L'homme se prêtant spontanément à ce jeu de la prolifération brute métamorphosée par l'illusion d'un progrès final. La considération instrumentaliste de la technique devient impossible dès que l'on prête attention soit aux percées techno-scientifiques capables de modifier

---

1. J. Bronowski, *A sense of the future*, Cambridge, The MIT Press, 1977, p. 18.

fondamentalement le sujet lui-même source-cible de toute finalité soit à l'ensemble du phénomène technique devenu un universum, un englobant, quelque chose qui est sans dehors, qui croît et qui, comme l'univers, crée l'espace-temps par sa croissance même, une totalité dynamique donc qui parce qu'elle est totalité englobante ne peut plus être rapportée à l'une ou l'autre finalité qui lui serait extérieure et supérieure.

Le modèle instrumentaliste de la nature et de la dynamique techniques est un modèle très classiquement rationnel : l'homme-sujet-créateur rationnel produirait de la technique exclusivement en fonction des buts, conçus de façon claire et distincte, qu'il se donne souverainement et pour la réalisation desquels il invente de façon systématique et méthodique les moyens et instruments adéquats.

Pour J. Ellul, l'idée que la technique n'est qu'un ensemble de moyens que l'homme invente dans la perspective de buts à réaliser et que, par conséquent, il n'y a pas à juger des moyens mais seulement des fins, cette idée est « l'une des erreurs les plus graves et les plus décisives au sujet du progrès technique, et du phénomène technique lui-même. La technique, ajoute-t-il, ne se développe pas en fonction de fins à poursuivre mais en fonction des possibilités déjà existantes de croissance »[1].

Le modèle de la création artistique qui souligne le génie individuel fausse également la représentation de la croissance technique. Dans l'œuvre d'art, une *subjectivité individuelle s'exprime et s'accomplit par des moyens symboliques*. L'invention technique est

---

1. J. Ellul, *Le Système technicien, op. cit.*, p. 280.

objective, universelle, elle n'exprime aucune subjectivité individuelle et elle n'utilise pas des moyens symboliques.

> Dans sa relation avec le monde, l'homme a toujours usé de moyens multiples dont aucun n'était universel, parce qu'aucun n'était objectif. Or, la technique est un moyen d'appréhension de la réalité, d'action sur le monde qui précisément permet de négliger toute différence individuelle, toute subjectivité[1].

B. Gille dénonce aussi la représentation de la croissance technique fondée sur le dynamisme créateur de subjectivités individuelles, représentation qui assimile l'histoire des techniques à une « histoire des inventions » qui est « largement une mythologie et une hagiographie »[2]. La conception de la croissance technique comme une suite d'inventions ponctuelles, monolithiques et quasi insulaires va de pair avec l'accentuation du rôle de l'individu. Or, plus que jamais, la techno-science contemporaine contraint à une vue infiniment plus complexe du processus : la croissance technique est une *prolifération combinatoire qui va dans tous les sens*. Toute nouvelle « invention » de quelque importance se situe à la croisée de multiples vecteurs techniques ; toute nouvelle expansion du technocosme est le fruit de l'effort conjugué de l'ensemble des forces et potentialités de ce technocosme. Une fois de plus, « la conquête de l'espace » est ici exemplaire, elle qui ne peut se réaliser sans la conjonction étroite des techniques de pointe les plus diverses : de l'énergétique à la médecine, de l'électronique à la psycho-technique, etc.[3].

---

1. J. Ellul, *La Technique ou l'enjeu du siècle, op. cit.*, p. 119.
2. B. Gille, *Histoire des techniques, op. cit.*, p. 46.
3. Cette nature combinatoire est bien sûr déjà très sensible à propos d'« inventions » plus modestes : « Il est difficile de parler de

La croissance technique est donc le produit d'une combinatoire technique qui exploite les possibilités latentes à un moment donné du développement. J. Ellul pousse fort loin le caractère de *quasi-spontanéité mécanique* de l'auto-accroissement technicien. « Actuellement, la technique est arrivée à un tel point d'évolution qu'elle se transforme et progresse à peu près sans intervention décisive de l'homme » – « Ce n'est plus l'homme de génie qui découvre quelque chose [...] c'est précisément cette addition anonyme des conditions du saut en avant. Lorsque toutes les conditions sont réunies, il n'y a qu'une intervention minime d'un homme qui produit le progrès important » – « C'est le principe de combinaison des techniques qui provoque l'auto-accroissement » – « Ce n'est plus le facteur humain qui est déterminant, mais essentiellement la situation technique antérieure » [1]. On ne peut être plus net.

A l'appui de ces vues, citons l'étude rapportée par Stork qui montre que, contrairement à toutes les idées reçues, c'est l'invention simultanément réalisée par plusieurs individus (ou équipes) travaillant tout à fait indépendamment qui serait la forme normale de la croissance technique si elle n'était pas occultée par des facteurs extérieurs (valorisation de celui qui « réussit le premier », gêne de ceux qui sont « coiffés au poteau » et qui n'ont aucun intérêt à publier leur « échec », inutilité de la republication d'une découverte déjà faite

---

l'invention de l'automobile, de l'invention de la TV, sinon comme de la combinaison définitive d'un certain nombre de nouveautés qui ont pu apparaître isolément auparavant et être utilisées dans d'autres combinaisons » (B. Gille, *Histoire des techniques, op. cit.*, p. 50).

1. J. Ellul, *La Technique ou l'enjeu du siècle, op. cit.*, p. 80-84. *Cf.* aussi J. Ellul, *Le Système technicien, op. cit.*, p. 229-248.

et publiée, etc.). Autrement dit, les quelques « exceptions historiques » célèbres de découvertes-inventions simultanées constitueraient, en réalité, la règle, en tout cas dans le développement de la techno-science contemporaine [1].

Tout ceci va décisivement dans le sens d'une très forte limitation (voire d'une pure et simple suppression) du rôle de l'*individu en tant que tel* (en tant qu'une personne individuelle – créatrice, géniale, etc. – n'est pas n'importe qui) dans le processus de la croissance technique. La liberté de l'inventeur est fort limitée parce que ce qu'il peut faire est quasi complètement pré-déterminé par l'état de développement du système technicien où il intervient (« l'inventeur prenant appui sur des structures existantes, doit suivre des voies quasi obligatoires » [2] : il actualise ou catalyse activement une combinaison potentielle, latente. Par ailleurs, sa personnalité propre ne joue quasi aucun rôle : si ce n'avait été lui à cause de facteurs tout à fait extrinsèques au développement technique (chance, moyens, obstination, milieu favorable…), un autre eût fait la découverte. Bref, non seulement ce sont de plus en plus des équipes qui engendrent le progrès techno-scientifique mais ces équipes et les individus qui les composent sont largement interchangeables avec d'autres partageant les mêmes spécialités. À l'opposé de l'hagiographie est venu le temps de l'anonymat [3].

---

1. H. Stork, *Einführung in die Philosophie der Technik*, Darmstadt, Wissenschaftliche Buchgesellschaft, 1977, p. 25 *sq.*

2. B. Gille, *Histoire des techniques, op. cit.*, p. 46.

3. « Il n'est plus nécessaire d'être intelligent et cultivé pour faire progresser la technique […] l'important est qu'ils poursuivent indéfiniment des expérimentations sur un problème de façon à épuiser toutes les hypothèses et combinaisons possibles » (*Le Système technicien, op. cit.*, p. 247).

Lorsqu'on souligne, ainsi que J. Ellul l'a fait (et avec raison dans la mesure où il s'agit de briser des œillères désuètes) exemplairement, l'autonomie combinatoire de la croissance du règne technique, on est tenté de *renverser le statut respectif du sujet individuel ou collectif et de la technique dans le processus de développement*. Le sujet humain devient l'instrument de la croissance technique. L'instrument ou plus exactement (pour éviter de faire naître l'illusion d'un finalisme associé à une idéologie ou à une mythologie présentant la technique à son tour comme une sorte de sujet usant des individus comme de moyens en vue de la réalisation de finalités propres) : *le vecteur*. Les individus et les collectivités sont devenus les vecteurs d'une évolution technique aveugle parce que non finale.

Car ce que J. Ellul appelle « l'auto-accroissement de la technique »[1] est le produit d'une combinatoire proliférant de façon sauvage, aveugle, aléatoire et causale tout à la fois, un peu à la manière d'une *physis*. Une régulation orientée de la croissance technique supposerait que soit disponible un modèle précis et valorisé (par ex. des rapports entre technique et nature, ou de la structure idéale de la société technicienne, etc.) qui guiderait

---

1. « Le fait que tout se passe *comme si* le système technicien croissait par une force interne, intrinsèque et sans intervention décisive de l'homme » (J. Ellul, *Le Système technicien, op. cit.*, p. 229). J. Ellul rapporte que Seligman (*A most notorious Victory*) a fait l'analyse des arguments répandus aux USA contre l'idée d'autonomie de la technique qu'il défend (*ibid.*, p. 97). A lire Leroi-Gourhan (*Le Geste et la Parole*, p. 206), il ne semble pas que cette tendance à la croissance autonome soit le privilège de la technique contemporaine : « L'analyse des techniques montre que dans le temps elles se comportent à la manière des espèces vivantes, jouissant d'une force d'évolution qui semble leur être propre et tendre à les faire échapper à l'emprise de l'homme ».

l'évolution technique. Dans les sociétés traditionnelles, ce genre de modèle était fourni par la philosophie, la morale, la religion, le système des lois... Pour le règne technicien – qui s'affirme justement dans l'altérité et l'indifférence absolues à l'égard de l'ordre symbolique dont relèvent les modèles culturels mentionnés – il n'existe rien de tels. Le règne technique n'obéit qu'à son impératif propre et aveugle de croissance qui consiste à réaliser toutes les constructions-combinaisons techniques possibles. Soulignant la nature *causale* du processus, J. Ellul écrit : « Il n'y a pas d'appel vers un but, mais contrainte d'un moteur placé à l'arrière et qui ne peut tolérer l'arrêt de la machine »[1]. Et poursuivant la pensée de Galbraith : « Ce n'est plus la recherche du profit qui est déterminante mais le jeu de la technostructure : système technicien qui fonctionne dans le sens de la découverte et application de toutes les techniques possibles. Ainsi, les techniques se développent dans tous les sens »[2]. On ne peut mieux manifester l'opposition extrême entre cette vue contemporaine de la croissance combinatoire autonome et aveugle du règne technique et les conceptions traditionnelles qui tentent encore de situer la technique dans le cadre dépassé d'un anthropologisme eschatologique.

3. TECHNO-ÉVOLUTION

Nous avons déjà mentionné le mépris ou plus prosaïquement l'absolue cécité de la philosophie, y compris des philosophies dites matérialistes, à l'égard de la pré-histoire. Tout se passe, en philosophie, comme si

---

1. J. Ellul, *Le Système technicien, op. cit.*, p. 300.
2. *Ibid.*, p. 257.

l'homme, le monde, l'histoire commençaient ensemble et *ex nihilo*. Une conséquence de cette attitude (qui est constitutive pour la plus grande partie de la philosophie contemporaine) est le refus de prendre en considération ou seulement de concevoir qu'il puisse y avoir de la création ou de la production qui ne soient pas humaines. Ou du moins que ce genre de création ou de production puisse être digne de l'attention du philosophe.

Nous rencontrons ici un étrange désir qui manifeste combien massivement la philosophie est aujourd'hui anthropocentrée et anthropologiste de part en part. Ceux qui affirment qu'il est nécessaire de ramener sans reste essentiel la technique au sujet humain parce que le génie individuel et collectif de l'homme est la source de toute créativité et inventivité, la clé de toute construction, feignent d'ignorer que s'il avait fallu attendre l'humanité pour engager le jeu de la création, *il n'y aurait jamais eu d'humanité*. L'homme est le produit d'une immense activité créatrice, constructrice, productrice pré-humaine, non-humaine, cosmique à laquelle il doit d'être le vivant voué d'abord à cette forme spécifique de spontanéité qu'est la créativité culturelle et historique [1].

Il n'est évidemment pas question ici de nier ce truisme que brandissent les partisans de l'anthropologisme : « Ce sont tout de même des hommes qui inventent et fabriquent les objets techniques ». Affirmer l'autonomie de la technique ne consiste pas à nier cette évidence plate mais bien à dire qu'*en produisant* (d'une manière, notons-le, de plus en plus assistée, voire orientée, par des

---

1. Un leitmotiv du livre de E. Schuurman, *Technology and the Future* tient dans une telle réduction de toute créativité à une source humaine (mais bien sûr l'auteur se donne aussi une source divine).

machines) *la techno-science et le technocosme, l'homme n'est pas ce sujet pleinement conscient et voulant, maître de sa destinée, choisissant lucide et gouverneur éclairé du progrès et de l'évolution en général auquel on songe, plus ou moins expressément, lorsqu'on prétend que le règne technique doit être rapporté à l'humanité comme à sa source et à sa fin.* C'est bien entendu l'humanité qui engendre la technique mais ce faisant, elle ne sait pas ce qu'elle fait ni pourquoi elle le fait ni où elle va. Et ce non-savoir n'est pas l'effet de quelque impuissance circonstancielle ou provisoire que plus de science et de réflexion permettraient de surmonter. Ce non-savoir est le reflet dans la conscience du fait que ce qui pousse l'homme à engendrer (et cette production est fondamentalement collective) la technique n'est pas *de* l'homme ni *pour* l'homme. J. Brun dans *Les Masques du désir*, appelle cette force : le « Désir » et lui accorde un statut métaphysique. Nous méfiant des connotations psychanalytiques de ce terme et estimant qu'il n'est plus question à propos de la technique contemporaine d'en rester au plan de l'imaginaire et du phantasme, nous préférons parler de la *créativité cosmique*. C'est elle qui a produit l'homme ; c'est elle qui le traverse en faisant de lui un générateur technocosmique ; c'est elle qui a lancé l'humanité dans l'Histoire, dans son essence ; c'est elle qui le pousse dans la post-historicité de la technochronie. L'ordre symbolique est le lieu des valeurs et des buts qui éclairent et guident l'action et le discours. La culture et l'histoire sont intrinsèquement axio-logiques.

Deux processus sont radicalement étrangers aux dimensions logothéorique et axiologique du symbole : *l'évolution* qui a mené jusqu'à l'homme et la *technique*.

Nul regard, nul logos, nulle finalité ne distribuent les aléas qui sont l'origine commune de la sénescence mortifère des individus et de la vitalité créatrice des espèces[1]. La bio-évolution (et avant elle la cosmo-évolution) est *dépourvue de sens*.

Les analyses qui précèdent invitent à affirmer exactement la même chose de la croissance technique. « N'ayant aucune fin, la technique n'a pas non plus de sens : chercher à découvrir un sens inclus, c'est d'avance s'interdire de faire une analyse correcte du phénomène. Quant à vouloir lui attribuer un sens, c'est faire une véritable opération mythologique » – « Les philosophes qui veulent donner une fin ou un sens à la technique font, inconsciemment, ce chemin. Ils *"anthropoligisent"* et *"mythologisent"* le phénomène technique »[2].

Toutes ces qualifications du phénomène technique qui sont autant de déterminations fondamentales conduisent *à placer la technique dans la perspective de l'évolution* et à parler de « techno-évolution »[3] comme on parle de « bio-évolution ». Ce n'est certes là qu'une *analogie* mais une analogie qui ne ressortit pas à une comparaison superficielle puisqu'elle se fonde sur des déterminations fondamentales et qu'elle est apte, à ce titre, à placer la technique dans une *lumière qui permette de l'évaluer correctement sans retomber dans l'une ou l'autre forme d'anthropologisme ouvert ou caché*. La perspective

1. Voir les remarquables pages que Bronowski a consacrées à ce double rôle – négatif et positif – du hasard quantique dans la biosphère. Tout se passe ici comme si l'évolution de l'espèce était la seule rédemption effective du destin de mort de l'individu (*A Sense of the Future*, p. 174-185).

2. J. Ellul, *Le Système technicien, op. cit.*, p. 310.

3. Le terme apparaît chez S. Lem, *Summa Technologiae*.

évolutionniste est donc non seulement fondée dans la nature même des processus qu'elle rapproche et en ce sens elle doit nous apporter des indications *positives*, mais en outre elle jouit d'un impact *critique* très précieux puisqu'elle *détruit sans appel l'illusion anthropologiste*, source de toutes les évaluations et approches inappropriées de la Technique. Il vaut donc la peine de l'expliciter davantage et de voir jusqu'où l'analogie évolutionniste peut guider la réflexion sur la technique.

    S. Lem a esquissé une telle comparaison[1]. Dans le relevé des traits formellement communs aux deux évolutions qui suit, nous nous sommes (partiellement) inspiré de cette comparaison : l'imprévisibilité et l'amoralité (qui sont, au fond, l'expression de la nature non logothéorique et non axiologique des procès considérés) ; une certaine continuité morphologique qui intègre les nouveautés et perpétue les formes anciennes dans les formes nouvelles (par ex. l'évolution d'une espèce biologique, d'autre part l'apparition et l'évolution de l'automobile à partir de ses « ancêtres ») ; l'occupation de niches écologiques, solidaire de la nature systémique de la vie et de la technique (la survie d'une espèce vivante n'est possible que dans un espace approprié complexe dont les éléments se tiennent et se conditionnent mutuellement ; il en va de même d'une espèce technique, comme l'automobile qui n'est concevable que dans un espace aménagé comprenant toute une infrastructure assurant la production, l'entretien, l'alimentation, le recyclage, bref la survie de l'objet) ; une courbe d'évolution spécifique semblable (ascendante avec période brève culminante puis pente descendante) ; « la lutte pour la vie » (dans

1. S. Lem, *Summa Technologiae*, p. 27 *sq*.

la bio-évolution comme dans la techno-évolution, c'est le plus adapté, c'est-à-dire le plus fonctionnel et le plus performant qui s'impose et qui élimine les formes inférieures); la « morphophilie » : profusion extraordinaire des formes, des variations intraspécifiques de détail, cette diversité n'étant pas justifiée par les exigences d'adaptation ou de fonctionnalité (voyez les musées d'instruments ou des techniques, voyez l'actuel « design »); abondance des créations et inventions non viables; nature combinatoire de l'innovation et tendance à épuiser toutes les combinaisons possibles, à « essayer » aveuglément « ce qui marche »; évolution marquée à la fois par des périodes de stabilité et d'équilibre, voire de stagnation, entrecoupée de discontinuités, de sauts de mutations (l'exemple du passage à un nouveau système technique ou de l'apparition d'une toute nouvelle espèce d'objets techniques)[1]; évolution dans le sens de la complexité croissante et de l'extension planétaire : on parle aujourd'hui de la technosphère comme de la biosphère... Il serait également possible de développer une analogie *inverse* et d'éclairer le processus de l'évolution à partir du modèle de la technique tant il est vrai qu'aujourd'hui la biologie génétique connaît de mieux en mieux la technologie fine, moléculaire, qui constitue le moteur de l'évolution et que les sciences de la vie se trouvent volontiers des modèles puisés dans le champ de l'informatique et de la cybernétique[2].

1. Les exemples abondent dans l'*Histoire des techniques* de B. Gille.

2. K. Axelos rapporte cet extrait du *Capital* : « Darwin a conduit l'attention sur l'histoire de la technologie naturelle, c'est-à-dire sur la formation des organes des plantes et des animaux considérés comme moyens de production pour la vie » (*o. c.*, vol. II, p. 269).

La perspective évolutionniste sur la technique et en particulier sur la technique contemporaine et sur les possibilités de manipulation illimitées qu'elle développe n'est pas rare dans l'opinion techno-scientifique. Bien qu'elle se rencontre le plus souvent chez les praticiens du « génie génétique » et les chercheurs en biologie génétique, elle n'est pas absente de domaines fort éloignés des sciences de la vie, tels l'électronique, l'informatique et la cybernétique. Ici aussi, on estime que certains progrès techno-scientifiques devraient être considérés comme l'équivalent d'un « bond évolutif » ou un « saut mutationnel » de l'humanité (par ex., tout ce qui a trait à la construction de « cybernanthropes »). D'autres, tel Leroi-Gourhan (*Technique et Langage*), placent la technique primitive – la production d'outils élémentaires – également dans ce même éclairage : l'apparition d'outils serait à considérer comme une sorte d'excroissance de la bio-évolution, marquant en celle-ci et avec l'homme un tournant décisif mutationnel et spécifique du vivant que nous sommes. Leroi-Gourhan voit la technique dans le prolongement direct de l'évolution des formes et des fonctions biologiques et il insiste sur la spontanéité irréfléchie, aveugle, « naturelle » de cette excroissance technique de la vie, excroissance qui aurait gagné ultérieurement de plus en plus d'autonomie dans le sens de la techno-évolution devenue indépendante de la bio-évolution dont elle est née. « L'outil (est) comme une véritable sécrétion du corps et du cerveau des Anthropiens »[1] – « L'Australanthrope, lui, paraît avoir possédé ses outils comme des griffes. Il semble les

---

1. A. Leroi-Gourhan A., *Le Geste et la Parole* (vol. 1 : *Technique et langage*), Paris, A. Michel, 1964, p. 132.

avoir acquis non pas par une sorte d'éclair génial qui lui aurait fait un jour saisir un caillou coupant pour armer son poing [...] mais comme si son cerveau et son corps les exsudaient progressivement »[1] – « Si la technicité n'est qu'un fait zoologique, à mettre au compte des caractères spécifiques de l'Anthropien, on comprend mieux la précocité de son apparition, la lenteur de son premier développement, et, à partir du moment où elle coule dans le moule de l'Homo Sapiens, le caractère dominant de son évolution »[2].

L'éclairage évolutionniste sur la technique offre une triple perspective. Premièrement, il permet, comme on vient de le voir, d'*enraciner l'apparition de la technique dans la bio-évolution elle-même,* comme une nouvelle étape de celle-ci devenue peu à peu autonome. Deuxièmement, il est possible de décrire l'ensemble de l'histoire de la technique en y retrouvant de nombreuses *ressemblances formelles avec l'évolution de la vie* et de parler d'une *techno-évolution.* Enfin, il est légitime de considérer la *technique contemporaine dans son rapport à l'espèce humaine et au futur de celle-ci* et de souligner que les transformations que la technique paraît pouvoir et devoir induire sont susceptibles d'avoir une *portée mutationnelle et proprement évolutive, foncièrement différente des transformations culturelles et historiques, c'est-à-dire symboliques et intra-spécifiques* (internes à l'essence logothéorique axiologique de l'homme). L'intérêt et l'importance de l'éclairage évolutionniste tiennent encore au fait que, aujourd'hui, l'évolutionnisme constitue pour la pensée techno-scientifique une sorte

1. *Ibid.*, p. 151.
2. *Ibid.*, p. 152.

d'horizon général (dont le statut ne sera pas thématisé ici mais qu'il serait, en dernière analyse, abusif d'assimiler à un « horizon de sens » ordinaire qui offrirait à l'homme une « Weltanschauung » apaisante. L'évolutionnisme, lorsqu'il est exempt de tout finalisme, ne peut fonctionner qu'abusivement et très superficiellement comme une nouvelle forme d'insertion symbolique de l'homme dans l'univers. Bien compris, ses effets sont à l'opposé d'une telle restauration du vivant parlant. Ils sont anti-anthropologistes et anti-anthropo-centristes) : « La théorie de l'évolution domine aujourd'hui toute la biologie »[1] – « Le postulat central de la synthèse [philosophique à réaliser[2]], doit être que l'univers et chaque chose dans l'univers sont des produits de l'évolution. La synthèse doit être une synthèse évolutionniste »[3].

4. HISTOIRE ET MUTATION

La perspective évolutionniste suggère la succession suivante : bio-évolution – histoire – techno-évolution. L'histoire, dont la pensée philosophique fait ordinairement le tout de la temporalité, intervient ainsi comme un

1. F. Gros, F. Jacob, P. Royer, *Sciences de la vie et société*, *op. cit.*, p. 25.
2. Ajout de G. Hottois.
3. Th. Dobzhansky, *The Biology of Ultimate Concern*, The American Library, 1967; p. 110. Celui qui, à notre connaissance, a été le plus loin dans la voie de cette synthèse évolutionniste est W. Stegmüller, *Hauptströmungen der Gegenwartsphilosophie*, II, dont trois sections majeures s'intitulent : « Die Evolution des Kosmos », « Die Evolution des Lebens », « Die Evolution des Wissens ». Mais plusieurs fresques brossées par des scientifiques ont été publiées qui retracent l'évolution cosmique depuis les premières fractions de seconde de l'Univers jusqu'à l'homme (*cf.* par ex. H. Reeves, *Patience dans l'azur*, Paris, Le Seuil, 1981).

moment, une époque très spéciale du processus. Une époque très courte aussi puisqu'elle ne remonte pas en deçà de quelques millénaires et qu'il ne semble pas possible de la prolonger très avant dans le futur. Conçoit-on en effet une histoire qui s'étendrait dans une certaine continuité culturelle sur des millions d'années ? Imagine-t-on une tradition, donc une certaine perpétuation d'un même langage, vieille de dix millions d'années ? Les catégories historiques paraissent rapidement inadéquates dès que l'on considère des étendues de temps de l'ordre de celles qu'étudient la géologie ou la paléontologie et qui ne sont du point de vue de ces sciences non anthropocentriques absolument pas démesurées.

La période historique correspond à l'évolution *intraspécifique* de l'homme ; on pourrait l'appeler la *logo-évolution* puisqu'elle s'identifie aux remaniements du signe, aux métamorphoses du symbole et du sens, ou encore au jeu combinatoire et productif de la culture.

Quels sont les rapports de la logo-évolution avec les deux autres types d'évolution non symboliques ? Est-elle isolée, comme la parenthèse du signe entre deux infinis de non-sens ?

Il est difficile, voire impossible de répondre à cette question sur le point d'une hypothétique dialectique entre la bio-évolution s'achevant dans la production du vivant parlant et les premiers instants (qui ont sans doute été des centaines de milliers d'années) de l'évolution propre à ce dernier. Il paraît raisonnable d'estimer que durant une période plus ou moins longue une évolution bio-génétique (pertinente pour le parachèvement du vivant parlant en tant que tel) ait coexisté avec les premiers balbutiements du signe.

Il n'est guère douteux, par contre, qu'il y ait une *dialectique entre la techno-évolution et la logo-évolution* et qu'il s'agisse d'une question de grande actualité. C'est cette problématique, que nous nous contentons de situer ici, qui sera abordée dans la quatrième section ci-dessous.

La perspective évolutionniste invite à introduire une nouvelle catégorie qui ne relève pas de l'historicité, qui intervient même pour signifier les limites des catégories de l'histoire et du type de discontinuité (révolution, changement, fin d'époque, ère nouvelle...) que l'on y rencontre. Il s'agit de la catégorie de la *mutation* empruntée à la biologie génétique des espèces. Cette catégorie n'a aucune place à l'intérieur du logos et de son évolution, c'est pourquoi elle est radicalement absente du discours traditionnel de la philosophie, la philosophie n'étant que l'accomplissement du logos humain, – l'entéléchie de la logo-évolution. La mutation est à l'origine – mais une origine extérieure : une cause – de l'histoire puisque c'est un jeu de mutations qui a engendré le vivant parlant et l'a lancé dans l'évolution interne à son essence langagière. La discontinuité mutationnelle, l'éloignement ou l'étrangement qu'entraîne une mutation sont sans commune mesure et infiniment plus lourds, plus profonds que n'importe quel hiatus historique culturel. La mutation est l'autre de la métamorphose symbolique. Aucune logothéorie ne la surplombe et aucune axiologie ne la commande. Elle peut jeter l'homme hors de l'histoire comme elle l'a lancé dans l'histoire, c'est-à-dire dans son essence. La mutation est aveugle et muette, indifférente au sens et à la valeur. Si l'on place la technique contemporaine et le futur dans une lumière évolutionniste, c'est de la catégorie de la mutation qu'ils relèvent. Le type de discontinuité que la techno-science devient capable de produire en manipulant la nature humaine revêt une portée mutationnelle, c'est-à-dire *an-historique, sans inscription culturelle possible, irréductible à une discontinuité du sens qui est toujours continuité profonde du logos*, car susceptible d'être pontée, surmontée, dépassée par le dialogue ou l'herméneutique, tant il est vrai que rien d'humain ne saurait nous être étranger.

Mais si la catégorie de la mutation correspond bien à la temporalité techno-chronique et aux possibles techno-scientifiques, il faut éviter de la transposer trop simplement. Il y a une analogie entre bio- et techno-évolution, non une identité. La notion de « mutation » empruntée à la première ne peut être reçue dans la seconde que *mutatis mutandis*.

Th. Dobzhansky donne une idée de la différence – radicale – des formes, rythmes et matières des deux évolutions lorsqu'il écrit : « Pour devenir capables de voler ils [les oiseaux qui descendent d'ancêtres qui ne volaient pas,[1]] durent évoluer pendant des millions d'années. L'homme est devenu le "volant" le plus puissant de tous en construisant des machines volantes non en reconstruisant son génotype. Les adaptations de l'espèce par la culture[2] sont infiniment plus rapides que l'adaptation par modification génétique »[3].

Il n'y a donc aucune raison de penser que l'éventuelle techno-évolution future de l'humanité doive relever plus

---

1. Ajout de G. Hottois.
2. Le mot est évidemment mauvais. Il participe de cette confusion du « culturel » et du « technique », de cet usage fourre-tout du mot « culture » qui rassure en dissimulant la spécificité du règne technique. C'est : « par la technique » qu'il faut comprendre, bien entendu.
3. Th. Dobzhansky et *alii*, *Evolution, op. cit.*, p. 458.

spécialement du « génie génétique ». Tout en soulignant que pour un évolutionniste considérant l'avenir, « la question la plus cruciale de l'époque moderne » tourne autour du pouvoir technique qu'acquiert l'homme d'intervenir dans l'évolution, Dobzhansky note qu'il est impossible de répondre à cette question « en extrapolant simplement à partir d'événements passés de l'évolution organique, comme nous serions admis à le faire si l'humanité n'était qu'une autre espèce biologique quelconque »[1].

Le destin des espèces dans la bio-évolution est l'extinction ou la mutation génétique. Aussi n'est-il pas exceptionnel de lire des auteurs qui voient le futur de l'homme sous la forme de la dégénérescence (par défaut de sélection, par hypertrophie de certains organes au détriment d'autres désaffectés...[2]) et de la disparition. Nous pensons que ce sont là des vues qui témoignent surtout d'un manque d'imagination et de réflexion, d'un défaut de sensibilité à ce que nous avons décrit comme l'expérience de l'ouverture et de l'opacité radicales du futur. Heureusement, et sans qu'il soit question ici de « préférer » ou d'accorder une plus grande probabilité à l'une ou l'autre de ces perspectives – puisque, nous le répétons, c'est cette expérience du futur que nous estimons fondamentale et indépassable – d'autres auteurs laissent entendre que la techno-évolution de l'homme – et donc *l'éventualité d'une mutation et d'une disparition de l'espèce Homo comme telle* – *pourrait être sans commune mesure aucune avec la bio-évolution.* Ces

1. Th. Dobzhansky et *alii*, *Evolution, op. cit.*, p. 466.
2. *Cf.* par ex., R. Kaspar, « Ist der Mensch eine Sackgasse der Evolution ? », *Universum*, 1976.

spéculations ont au moins le mérite d'ouvrir l'esprit et de secouer la paresse de l'imagination dont l'inertie tend à aligner mécaniquement l'avenir sur le passé. Elles s'inspirent souvent de la partie cybernétique-informatique du règne technique, envisagée globalement ou individuellement. L'informatisation universelle de la société et potentiellement de l'humanité est estimée par W. Stegmüller comme aussi importante que « l'invention » de la sexualité par la vie ou du « langage » lors de la mutation décisive de la bio- à la logo-évolution. L'un et l'autre – la sexualité et le langage – ont modifié et amplifié extraordinairement les possibilités combinatoires et les formes de transmission et de stockage de l'information, base motrice de la créativité biologique et culturelle. Or, avec le développement des techniques informatiques, nous assistons à une nouvelle mutation et amplification[1]. Plus modestement mais dans le même ordre d'idées, Minc et Nora parlent également d'une *mutation* aussi importante que l'invention de l'écriture : « Les analogies sont frappantes : extension de la mémoire ; prolifération et mutation des systèmes d'information ; modification éventuelle des systèmes d'autorité »[2]. Il s'agit là d'un événement dont la portée réelle à longue échéance relève d'un autre ordre qu'une réforme de la société voire même qu'une révolution historique. L'invention de l'écriture a été la condition réelle de possibilité de la logo-évolution et cette invention est à peu près aussi ancienne que l'homme[3], même s'il est vrai qu'il a fallu attendre très

---

1. W. Stegmüller, *Hauptströmungen der Gegenwartsphilosophie*, II, *op. cit.*, p. 480 *sq.*

2. A. Minc, S. Nora, *L'informatisation de la société*, Paris, La Documentation Française, 1978, p. 116.

3. *Cf.* A. Leroi-Gourhan, *Le Geste et la Parole*, *op. cit.*

longtemps avant qu'elle ne connaisse son essor véritable.
Ceux qui réfléchissent sur la mutation informatique en
cours notent que l'humanité a atteint, au XXe siècle, une
sorte de seuil : la masse de l'information, le rythme de
son acquisition, l'intensité de sa circulation sont arrivés à
un point culminant qui est aussi un seuil d'engorgement
comportant le risque d'éclatement, de désintégration
anarchique. Les matériaux et les instruments culturels
classiques, les structures et les circuits symboliques
hérités ont épuisé leurs possibilités les plus extrêmes.
Le succès de la mutation informatique conditionnerait
ainsi la possibilité de passer outre à une sorte de blocage
évolutif, blocage de la logo-évolution. *Mais ce saut a
en même temps une portée telle que la logo-évolution
(l'évolution historico-culturelle) ne pourra être encore à
l'avenir ce qu'elle avait été jusqu'au moment crucial du
blocage.* L'informatisation entraîne en même temps une
mutation du logos telle qu'on ne reconnaît plus guère le
langage libre et naturel qui a *fait* jusqu'ici l'évolution du
vivant parlant. Dans cette perspective (et nous rappelons
qu'il s'agit ici seulement d'un *exemple* destiné à souligner
qu'il n'y a nulle nécessité ou évidence pour que le futur
technique de l'humanité soit fait de ruptures à l'image des
mutations de la bio-évolution génétique), l'idée apparaît
d'une sorte de techno-logo-évolution de l'humanité dont
nous sommes totalement incapables d'anticiper la forme
ou le cours, et qui pourrait aussi bien se révéler à moyen
terme une impasse évolutionniste.

Nous signalions que l'inspiration informatique-
cybernétique de l'imaginaire du futur contenait aussi des
possibles plus *individuels*. Il s'agit de toutes les recherches
qui pivotent autour du « cyborg », de la « symbiotechnie »
de l'homme (individuel) et de la machine. Évoquant la

possibilité d'insertion future de micro-ordinateurs dans le cerveau, J. McCarthy, de Stanford, conclut que la réussite de ce projet « constituerait un saut évolutionniste complet de l'espèce »[1]. Collective ou individuelle, la mutation cybernanthropique est évoquée également par S. Lem : elle serait, dit-il, aussi importante que le passage à l'*homo sapiens*[2].

5. LA CLÔTURE INFORMATIQUE DU SYSTÈME

Le règne technique constitue un gigantesque système, c'est-à-dire une totalité dont tous les éléments se tiennent, composé d'un nombre considérable de sous-systèmes liés et imbriqués. La *nature systémique* de la technique – il n'y a pas de sens à parler d'objets techniques ou de processus techniques isolés – est l'une des thèses fondamentales de l'ouvrage de J. Ellul, *Le Système technicien*[3], que corrobore B. Gille dans son *Histoire des techniques*. Celle-ci comprend la description successive de « systèmes techniques » qui se révélèrent tous bloqués à l'un ou l'autre moment et pour l'une ou l'autre cause (nous reprendrons cette question des causes de blocage d'un système technique dans la section IV). Le plus exemplaire de ces systèmes – et le mieux connu – a été associé à la grande révolution industrielle du XIXᵉ siècle. B. Gille l'analyse finement et en repère les articulations fondamentales : « La trilogie essentielle du nouveau système technique [...] : métal, charbon, machine à vapeur »[4]. Le métal devenu matériau universel

---

1. V. Packard, *The People Shapers*, *op. cit.*, p. 286.
2. S. Lem, *Summa Technologiae*, p. 68.
3. Particulièrement p. 91 *sq.*
4. B. Gille, *Histoire des techniques*, *op. cit.*, p. 697.

se substitue au bois, matériau-clé du système ancien et dont les limites furent l'une des causes du blocage que la « révolution industrielle » permit de dépasser; le charbon se substitue aux anciennes sources d'énergie (bois, eau, vent) et s'associe étroitement à la machine à vapeur, pivot du nouveau système : machine universelle qui sert au transport même de la source d'énergie qui l'alimente et libère des servitudes de l'énergie intransportable (vent, eau). L'expression la plus achevée du système étant le *chemin de fer*, véritable axe de transmission qui postule tout un ensemble de techniques en aval comme en amont[1]. Les possibilités de mise en évidence de la nature systématique du règne technique sont si nombreuses et si immédiatement disponibles (sous-système de l'imprimerie, de l'automobile, de l'électricité, etc. avec toutes les liaisons latérales, en amont et en aval) qu'il nous paraît superflu d'insister sur ce que d'autres ont montré et analysé dans le détail.

Une tâche plus importante consiste à mettre en lumière un aspect spécifique du système technique qui devient le nôtre depuis quelques années et qui semble bien devoir engager l'avenir (ou qui en tout cas pourrait l'engager en un sens qui ne peut laisser le philosophe indifférent). Il s'agit de ce « sous-système » tout à fait spécial qui porte le nom général *d'informatique* et de processus *d'informatisation*. Son importance et sa singularité n'ont pas échappé aux analystes de la technique contemporaine et une sorte de consensus s'est même formé quant au rôle capital qu'il est et sera appelé à jouer[2].

---

1. B. Gille, *Histoire des techniques*, *op. cit.*, p. 746 *sq.*
2. Pour ne signaler que cet exemple récent, Toffler fait de la révolution informatique en cours le nerf de la *Troisième Vague*. « Une nouvelle info-sphère surgit en même temps que se fait jour la nouvelle

L'informatisation, avons-nous déjà indiqué, est le processus par lequel le règne technique inscrit progressivement en soi l'ordre symbolique. Il est la clé du renversement d'inscription. Mais ce renversement constitue une véritable mutation qui n'a rien de commun avec un retournement logomachique interne à l'ordre symbolique par lequel une « Weltanschauung » en maîtrise une autre différente voire opposée. Il ne s'agit pas d'un nouveau système symbolique culturel – philosophie, religion, mythologie (voire scientifique : la physique relativiste inscrivant la physique newtonienne) – qui absorberait un système révolu.

L'inscription informatique n'est pas une opération qui a lieu à l'intérieur de l'ordre symbolique, elle n'est pas gouvernée par des forces symboliques ou idéologiques qui chercheraient à se réduire et à s'annexer. Du moins, cet aspect (idéologique) n'est-il pas l'essentiel. Le processus d'informatisation concerne l'ordre symbolique en entier (au moins potentiellement) et comme tel. Il a la portée d'une mutation [1] qui substitue au langage naturel autre chose, de telle sorte que parler de « langage » à propos de ce processus comme s'il ne s'agissait que d'une bénigne opération de traduction d'une langue en une autre est trompeur.

Aujourd'hui, la linguistique prend de plus en plus la place de la philologie. Celle-ci était respectueuse du *logos naturel*, elle avait de la considération pour la langue, elle

technosphère » (p. 208). Il nous arrive de notre côté de distinguer entre biosphère, technosphère et *technonoosphère*.

1. La portée mutationnelle de l'informatisation est perçue par Minc et Nora : elle est déjà sensible dans le langage de la gestion informatisée où l'on est confronté à une langue d'une *autre nature* : modulaire, fonctionnelle... (*L'Informatisation de la société*, p. 116).

nouait au langage naturel un rapport symbolique : *la philo-logie est la façon d'être-au-langage respectueuse du langage et donc de l'essence de l'homme*. La linguistique contemporaine (exemplairement la linguistique issue de la révolution chomskyenne) aborde le langage à partir de modèles cybernétiques et à l'aide d'instruments logico-mathématiques. Cette approche (qui avoue d'ailleurs le caractère opérationnaliste de son épistémologie[1]) est active, opératoire, elle ne laisse pas le langage tel qu'il est. Surtout : elle contribue à l'idéologie sécrétée par le processus d'informatisation et conforte ce processus en lui offrant une pseudo-légitimité spéculative : elle invite à approcher l'essence langagière de l'homme, cette capacité symbolique spécifique du vivant que nous sommes comme une compétence simulable par un automate. J. Ellul écrit : « Ce que l'on fait en réalité avec la linguistique moderne, c'est l'opération de réduction selon laquelle le langage pourra enfin rentrer exactement dans cet univers technicien »[2]. En fait, la linguistique simultanément contribue effectivement à cette réduction et la mime, la réfléchit sur un plan qui demeure logothéorique : la linguistique participe à la mutation active du symbolique (en tant qu'elle aide à la construction de langues logiques et informatiques destinées à remplacer le langage naturel) et en même temps elle reflète (en tant qu'elle est théorie) cette mutation dans l'ordre symbolique en la faisant passer pour la révélation de la vérité du langage. C'est dans cette dernière fonction que la linguistique contemporaine revêt une signification *idéologique*. Elle dit que la *vérité* du

---

1. *Cf.* N. Ruwet, *Introduction à la Grammaire générative*, Paris, Plon, 1975.

2. J. Ellul, *Le Système technicien*, *op. cit.*, p. 60.

langage humain est *opératoire*, alors qu'en réalité cette vérité est aux antipodes de l'opérativité technique.

Ce que la linguistique reflète idéologiquement et donc dans l'ambiguïté et la mystification et ce à quoi elle collabore de façon également ambiguë, le processus d'informatisation l'accomplit ouvertement. L'informatisation de l'ordre symbolique affecte *tous* les aspects du langage naturel au point que, comme nous le disions, il lui substitue autre chose qui est conforme aux exigences du règne technique. La nature matérielle du langage est transformée : de vocale ou graphique, c'est-à-dire docile à l'ouïe et à la vue, le signe se fait électro-magnétique et du même coup il devient transmissible dans des milieux radicalement différents du milieu naturel de l'homme. La syntaxe s'aligne sur le régime binaire. Le paradigme du discours est l'algorithme. Les contenus mémorisables sont seulement ceux qui peuvent être organisés conformément aux contraintes de l'analyse binaire et de l'enchaînement logico-mathématique. Toute manipulation est calcul sans intuition, c'est-à-dire *en soi* dépourvu de sens, de valeur et de finalité. Enfin, le « langage et le discours informatisés » sont fonctionnels, opératoires, c'est-à-dire que la transformation et le transfert d'information opérés par des machines vise à déclencher, arrêter ou modifier le fonctionnement d'autres machines : le signe ici, devenu opérateur, est comme une roue dans un engrenage, *il fonctionne et fait fonctionner*[1] : *il ne mire rien, ne vise rien, il n'est le support d'aucune transparence et n'appelle aucune*

---

1. H. Sachsse, cité par H. Stork (*Einführung in die Philosophie der Technik, op. cit.*, p. 9) : « Il appartient à l'essence de l'information d'être opérative ».

intuition. Le « discours informatique » fait fonctionner la machine, organise la croissance du règne technique : il n'aide pas l'homme à être-au-monde, il l'intègre dans le règne technique comme un vecteur, un élément fonctionnel de celui-ci. J. Ellul, une fois de plus, a bien saisi la portée du phénomène qui « entraîne l'exclusion de la pensée dialectique, du raisonnement dialectique et de l'appréhension dialectique du réel. L'ordinateur est fondamentalement non dialectique, il est fondé sur le principe exclusif de non-contradiction. Avec le système binaire, il faut choisir, c'est constamment oui ou non. On ne peut pas engager une pensée évolutive et englobant les contraires »[1]. Suite à la normalisation du langage exigée par l'informatisation en sciences (et au-delà dans tous les domaines de la culture), « le seul choix sera d'accepter le vocabulaire avec les sens établis ou bien de ne pas utiliser les informations possibles données par l'ordinateur, et par conséquent se situer à un niveau très faible de documentation, et ne pas faire de travail « scientifique »[2]. – « L'ordinateur est à la fois manichéen, répétitif et non compréhensif »[3].

Nous avons vu dans un chapitre précédent que la relation symbolique n'est pas appropriée au technocosme, que l'homme ne peut être langagièrement *à l'univers technicien* comme il est naturellement culturellement *au monde*. La seule forme de relation adéquate au technocosme et dans le technocosme est technique elle-même, à savoir la *relation informatique*. À l'intérieur du technocosme et de la technochronie, le mode de

---

1. J. Ellul, *Le Système technicien*, *op. cit.*, p. 117.

2. *Ibid.*, p. 261.

3. *Ibid.*, p. 118.

communication est informatique, télématique, et le seul type autorisé de « réflexion » du système sera le feed-back cybernétique qui offre la possibilité d'une auto-direction et d'auto-corrections indispensables à la survie évolutive du système, au maintien ou au rétablissement d'une homéostasie toujours menacée par les tensions internes entre éléments mal intégrés.

Le fait que ce soit la maîtrise cybernétique-informatique qui prenne la place de la maîtrise spéculative ou logothéorique n'exclut nullement qu'il y ait et qu'il continue d'y avoir d'innombrables tentatives de réflexion ou de représentation symboliques classiques (logothéoriques et axiologiques) de la technique, mais celles-ci, comme nous l'avons vu, sont généralement *idéologiques*, sécrétées par le technocosme et faisant anarchiquement son jeu.

La fonction principale de l'informatique (et de tout ce qui l'entoure) est *l'intégration* du système technicien. L'informatique permet la communication et donc l'ajustement des sous-systèmes entre eux et à l'intérieur du système total à tous les niveaux de particularité et de généralité (de l'individu dans le groupe à la nation dans l'équilibre planétaire). « En réalité, c'est *l'ordinateur qui permet au système technicien de s'instituer définitivement en système* » [1]. – « C'est le passage permanent de milliers d'informations opérationnelles d'un secteur technique à un autre (qui est déterminant). Or, ceci a été décisivement facilité par l'apparition des ordinateurs [...] nouvel ensemble technique grâce à qui le système technicien

---

1. J. Ellul, *Le Système technicien, op. cit.*, p. 111.

achève de se constituer »[1]. Les communications dans toutes les directions entre tous les secteurs et niveaux du technocosme sont aussi le moteur du dynamisme de celui-ci : la croissance du règne technique, en particulier de la techno-science, est largement dépendante de ces échanges constants. « La majeure partie du temps des scientifiques, écrit encore J. Ellul, est employée à des recherches bibliographiques (il existe dans le monde actuel plus de cent mille volumes uniquement bibliographiques, dont la liste est dans une bibliographie au second degré – World Bibliography of Bibliographies) autrement dit, c'est l'ordinateur qui va permettre au sous-système scientifique de s'organiser enfin efficacement »[2].

Permettant l'intégration du règne technique comme une totalité complexe, l'informatique *boucle*, en quelque sorte, le technocosme, le fait apparaître non seulement comme autonome mais encore comme autarcique : clos sur soi-même, sans relation à quelque dehors. Le champ des « signes » informatiques paraît totalement dépourvu de référence autre que fonctionnelle et interne au technocosme.

---

1. J. Ellul, *Le Système technicien, op. cit.*, p. 105. Minc et Nora disent la même chose mais dans une perspective plus simplement sociale. L'informatisation de la société devrait, idéalement, permettre une intégration maximale et libre grâce aux communications qu'elle rendra possibles entre la société (les divers groupes, les individus mêmes) et l'état. Les moyens de l'informatique doivent permettre à l'état d'être parfaitement informé des désirs du corps social et en même temps de parfaitement informer les groupes et individus quant aux raisons et justifications des commandements et contraintes... (A. Minc, S. Nora, *L'informatisation de la société, op. cit.*, p. 122 *sq.*).

2. J. Ellul, *Le Système technicien, op. cit.*, p. 111.

« Notre véritable environnement, c'est d'ores et déjà l'univers de la communication. C'est en cela qu'il se distingue radicalement des concepts de "nature" ou de "milieu" du XIXe siècle. » – « Le grand signifié, le grand Référent Nature est mort, et ce qui le remplace, c'est l'environnement [...] où le système de circulation des signes abolit toute référence, ou encore devient lui-même son propre référent »[1].

Cette clôture a-référentielle et auto-référentielle du technocosme ne correspond pas tout à fait à la réalité. En fait, le technocosme n'est pas sans relation avec son dehors – la nature, l'univers – mais ces relations sont elles-mêmes techniques, opératoires. De plus, ce dehors est non seulement progressivement investi par la technique, il est aussi visé comme manipulable, opérable et opérationnel essentiellement. Certes, tout est ainsi *technique* et nous sommes enclos dans la technique mais cet enfermement ne doit pas être conçu sur l'image d'une cité insulaire (comme dans les Utopies) parfaitement intégrée et technicienne qui flotterait dans un espace vide avec lequel elle n'aurait aucun rapport. L'autarcie auto-référentielle produit aussi une illusion pseudo-ontologique. « L'univers chiffré de l'ordinateur devient progressivement l'univers tenu pour réalité dans lequel nous nous insérons »[2] et d'une façon générale le technocosme semble occuper la place de l'ancienne réalité (c'est en somme ce que suggère aussi l'extrait de J. Baudrillard). Telle est *l'illusion* que nous pouvons avoir et qui est susceptible de devenir de sens commun. Mais c'est là un abus, une mystification. Nous

---

1. J. Baudrillard, *Pour une critique de l'économie politique du signe*, Paris, Gallimard, 1972, p. 251, 254.
2. J. Ellul, *Le Système technicien, op. cit.*, p. 117.

ne pouvons pas nous rapporter ontologiquement – c'est-
à-dire par les moyens du symbole, du logos naturel – au
technocosme qui ne tolère comme appropriées que des
relations techniques, fonctionnelles, opératoires. Le
technocosme n'est absolument pas un « milieu (naturel
ou donné) », un « univers », une « réalité », de l'« être »
au sens ordinaire de ces mots, c'est-à-dire selon leur
densité ontologique. Adopter une attitude ontologique à
l'égard du technocosme, c'est se vouer à *l'idéologique*
puisque c'est, encore une fois, se hasarder à nouer une
relation symbolique (et essentielle) là où seuls des
rapports techniques sont de saison.

Une conséquence majeure de la clôture informatique
du technocosme et de l'intégration informatique de
l'ordre symbolique (de la culture) est qu'à la limite,
tout espace de distanciation et de réflexion véritables
s'évanouit étant soit déclaré impropre (idéologique) soit
plus radicalement encore devenu impossible par manque
de moyens (lorsque le langage informatique sera devenu
le « langage » de l'« homme » sans reste ni résidu).
L'informatisation ne semble ainsi laisser le choix qu'entre
un espace pseudo-symbolique (une idéologie qui fera
toujours au moins indirectement et implicitement le jeu
de la technique) ou l'absence de tout espace proprement
symbolique (mutation intégratrice achevée de la culture
par l'informatique). « En réalité, la vraie agression se
situe justement dans la technicisation du langage : car à
ce moment *tout* est enfermé dans ce milieu technique :
quand la parole est serve, tout est serf »[1].

---

1. J. Ellul, *Le Système technicien, op. cit.*, p. 61.

6. LE PRINCIPE ANTI-THÉORIQUE
ET LA PLASTICITÉ DE L'ÊTRE

L'imprévisibilité fondamentale et le constructivisme manipulatoire radicalement ouvert ordonnent la technique à *un principe foncièrement anti-théorique* dont la formulation lapidaire serait : « Tout est possible ». Telle est la très singulière « idée directrice » ou règle de croissance de l'univers technicien. Un principe qui ne dirige, ne guide, ne limite d'aucune façon, qui n'est là, en somme, que pour signifier la faillite de toute régulation. Une fonction principale de toute théorie et une finalité essentielle de tout projet théorique est de *déterminer*, c'est-à-dire d'imposer un cadre, des limites (en indiquant ce qui est ou ce qui est possible et ce qui ne l'est pas à partir de ce qui est) et de prévoir. En ce sens, le principe technicien du « Tout est possible » doit à juste titre être qualifié comme absolument anti-théorique. Ceci n'est pas fait pour surprendre ; au contraire, puisque le technique est l'autre du théorique [1]. La perspective évolutionniste sur la technique ne va pas à contre-sens de ce principe. Nous avons souligné l'imprévisibilité de la bio-évolution, son étrangeté par rapport à toute logo-théorie anticipatrice et finalisatrice. Pour nous, la meilleure indication en faveur du principe anti-théorique de la technique gît dans le fait que l'homme, cet être d'histoire et de culture radicalement différent de tout ce qui le précède, véritable

---

1. B. Gille va dans ce sens en soulignant que « le monde serait fini dans un système technique donné » (et dont on tient donc la représentation théorique) mais « pourrait ne pas l'être, ou ne pas l'être complètement dans un autre système technique » (et ainsi de suite…) (*Histoire des techniques, op. cit.*, p. 997). A. Robinet, dans *Le Défi cybernétique*, (Paris, Gallimard, 1973) note que l'optimisme des cybernétiques tient dans la conviction que « tout est possible ».

« impossibilité » selon les normes et les modèles de l'évolution biologique a été engendré dans le cours de la créativité cosmique aveugle et muette. Si l'homme a été possible, n'importe quoi est possible. Aussi, l'idée vide et opaque d'une évolution « post-humaine » (et donc post-historique et post-symbolique) ne nous choque-t-elle pas car elle seule nous semble être, paradoxalement, à la mesure de cette autre impossibilité que l'opérativité cosmique a produite à savoir nous-mêmes.

Le corrélat de toute logo-théorie est l'objet qui se donne. L'onto-logie dit l'être. Le corrélat de la technique n'est plus l'objet qui se livre ou apparaît, il n'est plus l'étant ou l'être comme tel (c'est-à-dire tel qu'il est en lui-même, conformément à son essence) ; *le corrélat de la technique est la plasticité, l'opérabilité, la manipulabilité de l'objet* : de la matière, du vivant, du pensant : *de l'être*. Au logos et à la theoria répond le donné, le présent, ce qui est sur fond d'horizon circonscrivant. A la technique correspond le possible sans limites. *The People Shapers* de V. Packard illustre magistralement cet aspect à propos de l'homme : « Ce qui émerge, c'est le postulat général selon lequel les êtres humains sont des créatures d'une plasticité quasi infinie » et de rappeler que selon J. Delgado la question fondamentale n'est plus : « Qu'est-ce que l'homme ? » mais « Quelle espèce d'homme allons-nous construire ? » [1]. Nous considérerons plus loin les implications éthiques de cette situation.

Le principe anti-théorique et la reconnaissance de la plasticité de l'être vont conjointement dans le sens de l'accentuation de la *créativité* de la technique, une créativité aussi radicale que la créativité cosmique dont

1. V. Packard, *The People Shapers, op. cit.*, p. 10.

nous sommes l'œuvre nous-mêmes. C'est seulement dans les cadres d'une estimation anthropologiste et anthropocentriste de la technique que celle-ci est assimilable sans reste à une activité de maîtrise, à un projet de puissance, de pouvoir sur ce qui est, à l'expression d'une volonté de plier la nature – et l'être en général – aux besoins et aux désirs de l'humanité. Dès qu'on brise cette image anthropologiste, on libère le potentiel illimité de créativité de la technique et l'on s'engage à qualifier son règne de *techno-poétique* bien plus fondamentalement que de *technocratique*.

7. L'IMPÉRATIF AN-ÉTHIQUE DU RÈGNE TECHNIQUE

Les attestations de l'impératif « déontique » propre à la technique sont nombreuses et quelquefois anciennes. Elles remontent tout naturellement aux débuts de la « science moderne ». Citant *La Nouvelle Atlantide* (1627) de F. Bacon, J.J. Salomon écrit : « Le but de notre Fondation est la connaissance des causes et des mouvements secrets des choses, et l'extension des limites de l'empire des hommes *afin d'exécuter toutes les choses possibles* »[1].

L'impératif déontique de la technique s'énonce ainsi de façon lapidaire : « Il faut faire tout ce qu'il est possible de faire ». J. Ellul : « L'impératif technique : tout ce qu'il est possible techniquement de faire, il faut le faire »[2]. H.J. Meyer : « Conformément à l'opinion admise, *aucune frontière éthique* n'est imposée à la recherche. Sa liberté

---

1. J.J. Salomon, *Science et Politique*, *op. cit.*, p. 39. Nous soulignons.
2. J. Ellul, *Le Système technicien*, *op. cit.*, p. 336.

est un postulat incontesté »[1]. V. Packard : « Si quelque chose peut être fait, cela doit être fait »[2].

La consigne en faveur de l'essai de tout ce qui est possible exerce sans nul doute une séduction puissante dont les témoignages ne sont pas rares. A. Töffler écrit : « Si aucune contre-mesure précise n'est adoptée, dès que quelque chose sera possible, il y aura quelqu'un quelque part pour exploiter cette possibilité »[3] – « Aux limites de l'impossible et de l'inutile, tout se fera au moins une fois. Je pense que tout ce qui peut être fait sera fait »[4].

Vue à partir de l'essence logo-théorique de l'homme, la technique apparaissait comme gouvernée par un principe anti- ou a-théorique : « Tout est possible » – « Rien n'est impossible ». Considérée à partir de l'essence axio-logique de l'homme, la technique se révèle inspirée par une consigne anti-éthique ou an-éthique. Cette double étrangeté par rapport à l'humanité confirme encore la nécessité d'une appréhension non simplement anthropologiste du règne technicien.

1. H.J. Meyer, *Die Technisierung der Welt, op. cit.*, p. 207.

2. V. Packard, *The People Shapers, op. cit.*, p. 329.

3. A. Töffler, *Le Choc du futur, op. cit.*, p. 234.

4. Galletti, in *Science et Avenir*, numéro spécial consacré aux « Organes artificiels », 1979. Le même principe s'énonce aussi sous une forme économico-politique dans le prolongement de la doctrine du « laissez-faire » : « Et laissez-moi vous rappeler que l'entreprise scientifique est basée sur une sorte de *laissez-faire* à l'intérieur de la communauté des experts cherchant à développer les lignes prometteuses de la recherche précisément en excluant des considérations relatives aux conséquences qui, par le passé, ont été abandonnées à d'autres pour ce qui est de leur évaluation » (R. Bendix, *in* A.R. Michaelis et H. Harvey (ed.), *Scientists in Search of their Conscience*, p. 48). *The People Shapers* de V. Packard est riche en exemples très concrets qui illustrent la pratique réelle de cette consigne (par ex. les travaux sur les greffes de têtes ou de cerveaux, p. 320 *sq.*).

L'essence an-éthique de la technique a été diversement reconnue et soulignée. « Aucune limite ne semble exister pour la pensée scientifique modificatrice [entendez : la pensée technique,[1]] : elle s'élève donc elle-même au-dessus de toutes les attaches éthiques et religieuses »[2]. J. Ellul, qui signalait cet aspect dès son ouvrage de 1954[3], le formule de façon décisive dans *Le Système technicien* : « La technique est en soi suppression des limites. Il n'y a, pour elle, aucune opération ni impossible ni interdite : ce n'est pas là un caractère accessoire ou accidentel, c'est l'essence même de la technique »[4] – « C'est pourquoi, ajoute-t-il plus loin, les guerres sont si utiles dans ce cadre [c'est-à-dire conformément à l'impératif an-éthique du règne technique,[5]] : c'est à ce moment que toutes les expériences sont possibles » – « La guerre est le champ d'expérimentation nécessaire permettant l'auto-accroissement, parce qu'autorisant toutes les audaces, toutes les techniques, et le travail, *in vivo*, irremplaçable »[6]. Cette phrase met brutalement en

---

1. Ajout de G. Hottois.
2. E. Schuurman, *Technology and the Future, op. cit.*, p. 164.
3. Cf. *La Technique ou l'enjeu du siècle*, p. 121-122. Un autre témoignage important, celui de W. Schulz, dans *Philosophie in der veränderten Welt*, qui note que science et technique conduisent à une *neutralisation* du problème éthique (p. 662).
4. J. Ellul, *Le Système technicien, op. cit.*, p. 167.
5. Ajout de G. Hottois. Qu'on ne lise pas ici une apologie de la guerre, ce serait le dernier des contre-sens. J. Ellul met en évidence l'essence de la technique pour mieux cerner ce qu'il reste à l'homme pour se préserver et il conclut à la nécessité d'une éthique de la non-puissance, de la limitation (*cf.* « Recherche pour une éthique dans une société technicienne », in *Éthique et Technique*, G. Hottois et J. Sojcher (eds.), *Annales de l'Institut de philosophie et de sciences morales de l'Université de Bruxelles*, 1983).
6. J. Ellul, *Le Système technicien, op. cit.*, p. 242.

évidence ce que d'aucuns appelleront la nature *inhumaine*, monstrueuse de la technique; à notre sens, il convient plutôt de parler d'étrangeté, d'indifférence à l'humanité, d'ab-humanité, s'il est vrai que *seul l'homme* peut être *inhumain* à l'égard de son semblable (éventuellement en usant de la technique).

« La fixation de limites est toujours constitutive de la société comme de la culture. L'illimité est la négation de l'humain »[1]. L'ordre symbolique est pétri de valeurs et de conditions, de normes et d'interdits, de consignes et de déterminations : *theoria* et *axia* fixent les limites du possible et du permis en même temps que le sens du nécessaire et de l'obligatoire. La culture et l'histoire cristallisent autour de telles lignes de force que le règne technique, conformément à sa nature, ignore et *détruit*. Car *l'application* de l'impératif an-éthique de la technique, c'est-à-dire l'effectuation sans limites de tout ce que l'opérativité technicienne « permet » ne peut que conduire l'homme hors de l'éthique, dans un univers où l'expérience morale, la sensibilité éthique n'existeront plus puisque cette effectuation comporte la possible reconstruction de l'espèce, la mutation de l'espèce « *homo* » en « *Species Technica* ».

La seule « justification » alléguée de l'impératif an-éthique est que l'effectuation de tout ce qui est possible prolongerait la créativité cosmique et qu'elle serait donc dans le cours de l'évolution dont elle assumerait forcément certains caractères telle, précisément, l'indifférence aux considérations éthiques. La perspective évolutionniste demeurerait également la seule rédemption possible de

---

1. J. Ellul, « Recherche pour une éthique dans une société technicienne ».

la *mort individuelle*. Les biologistes ont mis en évidence l'étroite liaison entre la *sexualité*, source de la variété et de la mutation intraspécifique pouvant déboucher sur la transformation des espèces, et la *mort* qui conditionne à la fois la possibilité et la nécessité de la reproduction. De plus, c'est la même précarité quantique des liaisons bio-moléculaires de base dans l'ADN et dans sa mise en œuvre qui est à la fois source des accidents qui entraînent fatalement le vieillissement conduisant à la mort de l'individu et la source des accidents qui provoquent la mutation de l'espèce. Si la mort de l'individu trouve son sens fonctionnel dans l'évolution de l'espèce, il vient une étrange conclusion lorsqu'on élargit cette liaison à la techno-évolution. Ici, c'est du futur de l'humanité elle-même qu'il s'agit et de sa possible mutation qui équivaut à la disparition de l'espèce *homo* en tant que telle. L'équation de la mort de l'individu et de l'évolution de l'espèce mène à la conséquence selon laquelle la mort de chacun n'a de « sens » que si elle rend possible l'évolution de l'espèce, c'est-à-dire la mutation-disparition de l'humanité comme telle. Dans la mesure où l'évolution et la mutation sont tombées dans le domaine de la technique, la mort individuelle n'a de « sens » qu'en fonction d'une possible « techno-évolution » de l'humanité. La « mortalité » de l'humanité seule rachèterait la mort de l'individu. L'audace techno-évolutionniste de l'impératif an-éthique trouverait ainsi son principal stimulant dans la fatalité de la mort. On peut se demander – mais il est impossible de répondre à une telle question – ce qui arriverait si suite à une complexe manipulation technique la fatalité de la mort devenait caduque. La « mutation d'immortalité » dont rêve l'imaginaire du futur est peut-être la mutation impasse synonyme de la fin de toute évolution.

8. La réaction anti-techniciste

Les discours anti-technicistes ne sont pas rares et ils ne datent pas seulement d'aujourd'hui. Ce serait cependant une fois encore effacer des différences essentielles que d'estimer que les positions actuelles répètent ou prolongent les anciens refus de la « civilisation », de la « ville », pour leur préférer la vie bucolique des champs et des bois. Parce que le pouvoir technique a crû démesurément, la méfiance ou l'horreur qu'elle suscite ont une portée beaucoup plus essentielle. C'est cette dimension nouvelle qui importe. En dépit de leur impact concret effectif *et* possible énorme, les craintes et les refus de la technique dictés par des considérations « pragmatiques » (pollution, course aux armements, chômage, protection de la vie privée, épuisement des ressources, etc.) ne sont pas non plus l'essentiel parce qu'ils continuent, presque en totalité, d'émaner d'une évaluation anthropologiste de la technique et roulent sur la problématique simpliste du « bon usage » de la technique dont l'acteur et le bénéficiaire demeurent les sujets humains.

Les développements qui précèdent, et tout spécialement la mise en évidence du principe a-théorique et de l'impératif an-éthique, montrent que l'enjeu du règne technique est plus grave, plus profond que l'économico-politico-social. Même la problématique de sens commun relative à la technique touche quelquefois mais sans la discerner clairement, à cette profondeur lorsqu'elle évoque le danger d'une guerre nucléaire totale qui aurait des conséquences sans communes mesures avec toutes les « guerres historiques » (y compris celles du XXᵉ siècle), ou le péril d'une rupture grave de l'homéostasie de la biosphère terrestre par pillage, exploitation et pollution entraînant la disparition massive d'espèces vivantes. Ce sont là des *cataclysmes essentiels* qui reflètent le pouvoir réel de la technique de briser irréversiblement le cours du temps et la forme du monde. On y entrevoit la portée, qu'il nous arrive d'appeler métaphoriquement *ontologique*, de la technique et du même coup le poids de notre responsabilité qui n'est pas simplement économico-politico-sociale, c'est-à-dire interne à la sphère anthropotechnique qui nous masque l'essence non anthropologique de la technique.

L'origine profonde des réactions anti-technicistes *essentielles* qui se développent généralement dans le prolongement de *religions* ou de *philosophies* (et qu'ignore ou méprise la légion de ceux que remplissent les préoccupations exclusivement pragmatiques, sociales, économiques, politiques, thérapeutiques, bref les « humanistes bien-pensants » de tous bords) est à chercher dans la perception de la nature fondamentalement *ab-humaine* de la technique en tant qu'elle est *étrangère* à l'essence *logo-théorique* et *axio-logique* de l'homme. Le règne technique est absolument autre chose que le *regnum hominis*, le règne de l'humanité parlante, voyante et choisissante. An-éthique et a-théorique, aveugle et muette, la technique se développe en extériorité par rapport à l'essence symbolique et éthique de l'homme. Si l'on en comprend le fondement et l'origine, l'angoisse ou le refus de la technique doivent être déclarés « ontologiques » ou « métaphysiques ». Ils vont de pair avec la perception (sur laquelle nous aurons à revenir dans la section IV) de la valeur en soi de l'humanité (et, éventuellement, de la nature) qu'il s'agit de préserver. Les attestations de cette attitude sont également nombreuses. Le rapport

Sciences de la vie et société contient, d'un bout à l'autre, des indications dans ce sens conservatoire : « *Maintenir la planète en l'état* pour le bien-être de l'homme » – nécessité de « banques de conservation du matériel vivant » et d'une « gestion raisonnée des génomes des êtres vivants ». Aussi sommes-nous « les gestionnaires mais non les propriétaires de notre biosphère » et encore moins les démiurges. C'est sur des consignes de préservation et de sauvegarde de la biosphère – c'est-à-dire la *nature* – dans toute sa richesse, que le rapport s'achève[1]. En mai 1980, *Le Courrier de l'Unesco* en appelait à une « gestion du vivant » et à une « stratégie mondiale de la conservation ». P. Kourilsky souligne que « l'objectif (de la médecine du futur) est de maintenir l'espèce dans son intégrité et non de la modifier »[2]. Plus net encore, le Prix Nobel G. Wald déclare « le patrimoine génétique humain inviolable »[3] – « La moralité a pour fin ultime de garder intact le matériel génétique humain »[4]. Procédant plus ou moins directement de ce genre de consignes, divers *moratoires* ont été imposés à certaines lignes (prometteuses) de recherches, tel le moratoire dans le domaine des manipulations génétiques à l'initiative de P. Berg, par suite d'une réaction venue des savants eux-mêmes.

Il existe toute une gamme de « conservatismes » allant de la réaction « rousseauiste » proche d'un écologisme

1. F. Gros, F. Jacob, P. Royer, *Sciences de la vie et société*, *op. cit.*, p. 57, 155, 201, 275, 276.
2. F. de Closets, *Scénarios du futur*, *op. cit.*, p. 129.
3. « Clonage de mammifères : le "meilleur des mondes" est-il pour demain ? », *La Recherche*, avril 1981.
4. « Les biologistes vont-ils prendre le pouvoir ? », *La Recherche*, mars 1979.

extrême à la simple prudence pragmatique qui ne refuse pas de construire à condition de ne rien détruire irréversiblement. D'une façon générale cependant, ces attitudes (et plus elles sont extrêmes plus le caractère est évidemment marquant) procèdent d'un fond *absolument opposé* à l'impératif technique et l'effet minimal en est de freiner pratiquement ou de canaliser partiellement la croissance libre et sauvage de la technique. Si la mise en pratique du « Tout tenter » conduit nécessairement hors de l'éthique, les consignes conservatoires obéissent à une logique interne *qui conduit hors de la technique*. Celle-ci est opération, manipulation, construction et donc aussi fatalement destruction, abandon à la dérive de ce qui est révolu – comme le fut la bio-évolution. Son dynamisme créateur aveugle se heurte inévitablement au souci de préserver, de conserver, de sauver le passé et la nature (c'est-à-dire le complexe nature-culture) comme à une contrainte qui freine et qui bloque.

9. TRANSCENDANCE NOIRE

Les produits idéologiques du technocosme sont innombrables, de couleurs et d'ampleurs variables. Ces idéologies font *de facto*, à des degrés inégaux, le jeu du règne technicien tout en donnant le change du service du *regnum hominis*. Idéologies du Progrès, de la Maîtrise de l'Homme sur la Nature, Optimisme constructiviste, Morale de la Libération (« Il est interdit d'interdire »), Utilitarismes de tous crins, Utopie de la Démocratie directe grâce à l'Informatisation planétaire, Folies du Surhomme (de l'eugénisme au cyborg), Marxismes, Évolutionnismes anthropocentrés, Eschatologies de l'Accomplissement de l'Essence Humaine… La liste est longue et va dans tous les sens. Chaque fois, l'on tient une pseudo-inscription symbolique de la technique, c'est-à-dire une apparente humanisation de la technique, qui fait, en réalité, le jeu de quelque chose qui n'est pas anthropologique ni anthropocentré mais qui ne peut s'avouer comme tel (car cela apparaîtrait comme « inhumain », « amoral », …) sans risquer d'être immédiatement rejeté et condamné. *Jusqu'à un certain point*, le détour idéologique des « masques humanistes » est inévitable : *la technique croît le mieux sous le masque de l'homme.*

> « Au nom de quoi l'homme renoncerait-il ? […] La croissance technique lui a fabriqué une idéologie, une morale, une mystique, qui déterminent rigoureusement et exclusivement ses choix dans le sens de cette croissance. Tout vaut mieux que de ne pas utiliser ce qui est possible techniquement. » – « L'homme obéit d'abord à la technique et ensuite se donne des justifications idéologiques qui lui permettent d'une part d'avoir aux yeux de tous une raison passionnellement accessible, d'autre part et surtout de se donner l'apparence de la liberté »[1].

> Nous avons beaucoup de moyens de le (le "Brave New World") réaliser, il manque l'impulsion idéologique : or celle-ci peut venir de l'adhésion à un système matérialiste simpliste […] Et cette adhésion peut résulter de facteurs irrationnels imprévisibles, mais ses résultats seraient irréversibles. Or, dans la mesure où nous allons ainsi dans le sens du "progrès technicien", on ne sait ce qui empêcherait, d'un point de vue humain, cette adhésion[2].

---

1. J. Ellul, *Le Système technicien, op. cit.*, p. 256-257.
2. *Ibid.*, p. 285.

Des idéologies entièrement techniciennes cristallisent qui ont l'air d'échapper au système technicien et de le rapporter à une finalité extérieure alors qu'elles ne sont que des *béquilles symboliques* au service du règne technique. Nous verrons, plus loin, que le service technologique du « Bien de l'Humanité » paraît inexorablement truqué ou débordé dans le sens de la mutation technique de l'humanité et donc détourné, à moyen ou à long terme, au profit de la croissance technique.

Le processus d'*idéologisation* est fondamentalement distinct de celui de l'*informatisation* (même si celle-ci suscite à son tour des idéologies et contre-idéologies, telles l'utopie de la démocratie directe ou la contre-utopie du totalitarisme inexorable). L'idéologie est une expression proprement symbolique de l'opératoire : elle est une mystification nécessaire dans la mesure ou *de facto* le règne technique dépend encore de l'être *symbolique* que nous sommes. L'idéologie est le leurre d'une extériorité, d'un espace libre de réflexion, d'une distance critique : le leurre d'une légitimité symbolique pour mieux asservir tout le symbolique (y compris sa capacité réflexive ou spéculative) au règne du non-symbolique. L'idéologisation clôt le système technicien par l'illusion même de son ouverture, de sa relation à autre chose que l'opératoire. L'informatisation clôt le système sous son nom propre : celui de l'opérativité technicienne. Les signes informatiques ne sont plus des symboles chargés de valeurs et de lumière mais des opérations, des fonctions, des impulsions, des actions physiques *directement au service* du règne technique.

Étant axio-logique, l'ordre symbolique est l'espace des valeurs, des buts, des finalités. Mais au-delà de toutes les finalités locales, déterminées, offertes par les

discours de la culture et de l'histoire, au-delà de toutes les
visées limitées et cernables, les systèmes symboliques de
quelque ampleur (philosophies, religions, mythologies…)
présentent comme un « *trou* », l'insistance d'un appel,
d'une aspiration, d'une force… que le système symbolique considéré, ni même l'ordre symbolique dans son
entièreté ne réussiraient à circonscrire. Ce point de fuite
ne se satisfait proprement d'aucun nom : tous les signes
ne suffiraient pas à le nommer. Il est la marque dans
l'ordre symbolique en quête d'autarcie et d'équilibre
d'un défaut ou d'un excès, d'une instance que le symbole
n'inscrira jamais définitivement et qui, en raison de
cette impossibilité même, tient le symbole en haleine,
lui barre la route d'une entropie ou d'une cristallisation
heureuses et définitives. Il est le moteur de l'évolution
symbolique et des métamorphoses du sens. Il est ce qui
fait que nous vivons le symbole comme histoire et culture
et non à la manière d'une société d'abeilles. Le « trou »
de l'ordre symbolique jouit de « surnoms » dont la
variété innombrable est à la mesure de son innommabilité
foncière. Ses principaux surnoms sont familiers : Dieu,
Être, Désir, Force, Sens, … Mais, sauf dans les (nombreuses) mystifications de la pseudo-transparence idéologique qui affirment tenir le Nom Propre et épuiser
la « signification » de l'instance en question, tous
ces « surnoms » s'avouent comme tels, c'est-à-dire
connotent leur métaphoricité et l'impossibilité d'assumer
proprement leur fonction de nomination. Le « trou » de
l'ordre symbolique est une ouverture sur le *hors-symbole
ou le non-symbolique*. Il faut souligner ce point car,
conformément à la tendance contemporaine de l'inflation
linguistique et de l'enfermement dans le langage, la
tentation existe d'identifier le « trou » – Dieu – à une

propriété « structurelle » du symbolisme lui-même. Autrement dit, Dieu, Force, Désir, Être, Dynamisme, Abîme... seraient seulement depuis que l'homme existe et comme effet de son être symbolique. Il y a là une mystification. *Si l'opérativité créatrice, si la dynamique de l'évolution, si « Dieu » avaient attendu l'Homme et le Symbole, ni l'Homme ni le Symbole n'auraient jamais été. Assimiler « l'innommable » à un effet de la nomination (de la symbolisation en général) constitue une illusion typique de la situation contemporaine de l'homme arraché à son immanence symbolique par l'opérativité technicienne.* En réalité, l'« innommable » est hors-symbole mais non sans effet sur l'être symbolique que nous sommes. L'« innommable » est infiniment plus *ancien* que le symbole : il est cela qui s'est exprimé comme bio-évolution (et auparavant comme cosmo-évolution) et qui a produit l'animal symbolique. Avec l'avènement de celui-ci, l'« innommable » s'est exprimé sous la forme du dynamisme symbolique : sous la forme de l'*Histoire*. L'Histoire, la logo-évolution, est l'*effet de l'« innommable »* : celui-ci n'est *pas* l'effet de celle-là.

Qu'est-ce qui, dans la philosophie induite par le règne technique et le primat de l'opératoire, joue le rôle du « surnom » de l'« innommable » ? Il semble que cela soit le *Futur*. Se livrant dans l'expérience de l'opacité et de l'ouverture radicales, le Futur apparaît, dans le système symbolique que nous construisons, comme une sorte de « trou noir », absolu, qui aspire opératoirement le présent, au-delà de toute voix et de tout regard.

Le Futur ne se donne pas pour un « effet » de l'ordre symbolique. Ce mot fait signe, nous l'avons assez souligné, en direction de l'autre du symbole (de la culture, de l'histoire). Le « trou noir » du Futur n'aspire pas que

des signes ; il est au contraire foncièrement rebelle, hostile
à l'accumulation dérisoire des « surnoms ». Le Futur
est un nom de l'opérativité technique reconnue comme
l'autre du symbole et livrée dans l'expérience anti-
théorique et an-éthique du primat de cette opérativité : il
aspire l'Humanité non plus de l'intérieur de son essence
(comme l'avenir historique qui n'engloutissait que des
signes), mais de l'extérieur de cette essence. Le Futur
an-historique aspire les espèces, les formes de vie, toutes
les cristallisations cosmiques ; il aspire les essences et
l'Essence : le Logos lui-même, le *regnum hominis* dans
sa totalité. Au-delà des aspirations historiques, quelque
chose aspire l'Histoire comme telle vers une altérité
aussi étrange et imprévisible que l'Histoire elle-même
l'a été par rapport à la bio-évolution pré-historique qui
l'a engendrée. Non pas « Dieu » ou le « Surhomme » au-
delà de l'Homme, mais quelque chose d'aussi *différent* de
l'Humanité que celle-ci fut différente de la vie purement
biologique ou que la vie fut différente de la matière et
celle-ci de l'énergie...

Les « surnoms » de l'« Innommable » ne sont rien
par eux-mêmes : tout est dans le *contexte symbolique*
qui les porte et les enfante lorsque le discours est
devenu suffisamment prégnant. Cet enfantement,
pourtant nécessaire parce qu'il libère une tension
jusque-là contenue, est périlleux parce que « le mot
lâché », on tend à oublier tout ce qui l'a préparé et l'a
amené, et qui est infiniment plus important que le mot
lui-même. Si l'on oublie les aperçus et analyses des
chapitres précédents, la libération brutale des lignes
présentes ne peut être que mal interprétée et banalisée.
Un discours philosophique court deux dangers d'origines
diamétralement opposées ; la tentation de se passer de

tout surnom, et de toute reconnaissance, même indirecte, allusive, de l'Innommable; la tentation inverse de la complaisance lyrique et vide dans le ressassement de l'Innommable. La pensée authentiquement philosophique ménage toujours une place pour cela qui est sans site. Elle est dans l'effort de situer, de circonscrire, de déterminer cela qui refuse la localisation propre. La « profondeur » est l'effet de cet effort. La profondeur n'est ni le sans-fond (mystique) ni la surface (positiviste). Ainsi en choisissant le terme « Futur », nous n'avons pas retenu un « surnom » indifférent qui serait interchangeable avec d'autres « surnoms » de l'Innommable. Nous avons choisi un terme porté par tout ce qui précède et qui donne à l'« Innommable » la *forme* très particulière sous laquelle il se livre *aujourd'hui* à l'expérience des hommes. Cette forme est celle d'une *transcendance noire*. Nulle théologie négative ici car celle-ci postule un Dieu ineffable et caché. Nulle mystique non plus car la mystique appelle l'extase, la communion, l'union au-delà des moyens humains de connaissance et d'expérience avec une entité supra-humaine. Toute la philosophie de la technique va dans un sens opposé à ce genre d'exercice spirituel puisqu'elle sanctionne le primat absolu de l'opératoire, de l'action aveugle et muette sur toutes les formes de la vision.

Transcendance noire : *transcendance* parce qu'il est question centralement de dépassement mais d'un dépassement qui n'est ni un déploiement logique ni une « Aufhebung » dialectique. Logique et dialectique relèvent sans reste du discours. L'explicitation logique nie le temps et particulièrement l'irréductibilité du futur; la dialectique en fait autant mais en feignant de les intégrer. La progression logique et dialectique est tout

entière contenue dans l'essence symbolique de l'homme,
et c'est pourquoi l'homme l'anticipe en son discours.
Le grand discours dialectique de tradition hégélienne
boucle la logo-évolution – c'est-à-dire l'évolution
culturelle et historique propre à l'animal symbolique que
nous sommes – de l'intérieur du logos de l'homme. Il
énonce l'essence de l'humanité – de l'intérieur de cette
essence. Il en anticipe, très logiquement, le tour complet
qu'accomplit la roue de l'Histoire. Le discours hégélien
retentit du logos spécifique de l'Homme. Avec ce
discours, pour la première fois et de façon immédiatement
magistrale, l'essence de l'homme s'apparaît dans sa
totalité parce que boutée hors d'elle-même par des forces
dont elle ignore encore tout. Il est donc bien vrai, à la
lettre, qu'avec Hegel, la philosophie est achevée, c'est-
à-dire accomplie puisqu'il anticipe le plein déploiement
de l'essence historique de l'humanité, essence historique
par nature *anticipable*, destinée à la clôture entéléchéique
d'un discours. Après Hegel, on assiste, dans le
domaine de la pensée philosophique créatrice, à deux
phénomènes. Le premier est celui de la radicalisation,
du ressassement, de la poursuite largement répétitive du
geste hégélien. Telle est l'œuvre d'une part considérable
de la phénoménologie-dialectique-herméneutique dont
on connaît l'aboutissement langagier. Le second est
celui d'un déplacement de l'attention vers ces forces qui
travaillent obscurément le destin de l'Humanité et qui
gouvernent secrètement le discours hégélien. Telle est
l'œuvre de K. Marx qui oriente, pour la première fois,
mais de façon extrêmement ambiguë la pensée vers la
philosophie de la technique.

   Le *dépassement* qu'évoque la *transcendance noire*
n'appartient pas à l'enceinte voyante et parlante de

l'essence de l'homme. Radicalement temporel dans le sens de l'imprévisibilité absolue du futur, il connote des ruptures, des discontinuités, des mutations que le logos ne peut anticiper parce qu'il s'y trouve en jeu ayant été produit lui-même par des cassures constructives pré-historiques du même ordre. C'est pourquoi la transcendance de l'homme est *noire* : opaque, impénétrable, étrangère à toute logothéorie et à toute axiologie.

« *Transcendance noire* » est une *métaphore métaphysique* – qu'il serait dangereux de détacher du contexte et des précautions dont nous l'entourons afin d'éviter précisément la précipitation et le malentendu – *pour désigner l'expérience fondamentale du primat de l'opératoire*. Cette expérience – que nous avons appelée ailleurs l'expérience du Mur cosmique [1] – est celle de l'opacité et de l'ouverture sans limites du Futur. Il n'y a donc, pour ce qui *nous* concerne, aucune « divinisation » de la technique mais seulement l'expression de la réaction existentielle de la part la plus humaine du philosophe en nous à la *non-humanité* foncière du procès d'univers qui se concentre aujourd'hui dans la croissance technique. Une philosophie de la technique, si elle veut être *authentiquement* philosophie doit faire résonner, bien que d'une manière jusqu'ici inouïe, le Mystère, l'Énigme, l'Altérité, l'Étrangeté que nous sommes et qui nous entourent.

Placer la technique dans la perspective de l'évolution, c'est la situer dans le prolongement du procès d'univers, de l'opérativité cosmique qui nous a produits, qui nous porte et nous transit, c'est-à-dire nous traverse et nous

---

1. Section III. « Le Mur cosmique », in *L'Inflation du langage dans la philosophie contemporaine*.

rend transitoires. Le procès d'univers, c'est le Temps et
le Temps c'est l'engendrement aveugle et muet du futur.

Cette opérativité cosmique, certains ne résisteront
pas à la tentation de l'appeler *Dieu* : Dieu n'a-t-il pas
« créé » l'Homme ? Mais ce sera un Dieu obscur si l'on
ne perd pas de vue la nature an-éthique et a-théorique
– in-humaine – de cette opérativité. Aussi la tentation
majeure que rencontre le philosophe de la technique est
celle d'une *démonisation* (non d'une divinisation) de la
technique. La Transcendance Noire serait l'expression
d'une tentation diabolique. La technique étant la tentation
du Possible (de Tout le Possible) serait la concrétisation
active du Démon : du Mal Absolu, puisque la Technique
est la Tentation Ontologique : celle de sauter hors de
l'essence de l'Homme.

« La technologie ne reconnaît aucun principe
d'autolimitation » – « Toute activité qui ne respecte pas
ce principe d'autolimitation est diabolique »[1]. L'interprétation démoniaque de la technique – interprétation
qui ne se réduit pas toujours à un diabolisme naïf et
grossier – reste extrêmement active. Elle se greffe sur
les cibles privilégiées de techniques qui frappent concrètement l'imagination ; tel le nucléaire aujourd'hui, peut-
être les manipulations génétiques demain ou encore la
cybernétique. La Transcendance noire serait l'œuvre du
Démon qui, sous les masques innombrables du règne
technique, pousse l'humanité hors d'elle-même, à sa
perte. L'imaginaire mythologique de l'humanité est
extrêmement riche sur ce sujet et on y découvre une

1. E.F. Schumacher, *Small is beautiful*, p. 153, 161. *Cf.* aussi
E. Schuurman, *Technology and the Future, op. cit., passim* et
particulièrement les pages consacrées à F.G. Jünger (« Technology as
diabolism », p. 67 *sq.*).

appréciation de la technique infiniment plus juste que l'évaluation instrumentaliste humaniste et positiviste qui la réduit à de la science appliquée et à un ensemble d'outils. Dans *Les Masques du désir*, J. Brun rend justice à la profondeur de ces images de la technique[1]. Mais tout cela demeure de l'ordre de l'imaginaire et donc du *symbolique* et en ce sens constitue nécessairement une trahison de la technique qui se trouve inscrite sans reste essentiel dans le champ du symbole. La démonisation de la Transcendance noire coïncide toujours avec une négation de la technique dont elle ignore ou mécomprend la nature purement opératoire, c'est-à-dire non symbolique. En inscrivant la technique, la démonologie, la théologie, l'imaginaire mythologique en général reprennent d'une main ce qu'ils tendaient de l'autre. Ils accordent à la technique un statut supra-humain, c'est-à-dire non anthropologiste, ils perçoivent qu'il y va de l'être (du salut ou de la perte) de l'humanité mais en même temps ils circonscrivent la technique par des imageries et des narrations, ils la *symbolisent*, l'identifient dans des *logoi* effrayants certes, mais aussi *parlants* et pour cela infiniment plus proches, plus accessibles (la lutte contre le Mal) que l'opacité muette et l'altérité radicale que connote l'expérience, non trahie, de la transcendance noire. Comme en outre tous ces symbolismes sont *anthropomorphes*, l'anthropologisme y est moins évité ou dépassé qu'il n'y est inconscient. L'anthropologisme déclaré rapporte explicitement à l'homme toute valeur et toute signification. L'anthropomorphisme est un anthropologisme qui s'ignore et qui reste ambigu : il projette spontanément

---

1. *Cf.* aussi par ex. A. Robinet, *Le Défi cybernétique, op. cit.*, et B. Gille, *Histoire des techniques, op. cit.*

sur l'univers la grille anthropologique sans la thématiser comme telle. Il reconnaît des forces non- ou supra-humaines, il perçoit une altérité cosmique mais il échoue fondamentalement à rendre justice à cette altérité qu'il peint aussitôt aux couleurs d'une humanité dissociée et décuplée, monstrueuse.

Il y a beaucoup de « vérité » dans l'appréhension mythologique de la technique – plus que dans les conceptions laïques, pragmatistes et positivistes – mais cette vérité masque autant qu'elle révèle. Elle mesure l'importance, le poids de ce qui est en jeu mais échoue à identifier *ce qui* est en jeu.

La transcendance du Futur est dite « noire » parce qu'impénétrable, inanticipable. Mais ce même adjectif connote la négativité, les forces contraires à celles de la lumière et du bien. L'appellation « transcendance noire » évoque donc quasi inévitablement une interprétation démoniaque qui rend justice d'ailleurs à ce qui, dans la technique, conteste l'alliance humaine du regard (lumière), de la valeur et du signe. C'est pourquoi le philosophe, en tant qu'il est l'homme le plus humain, perçoit nécessairement la technique (lorsqu'elle n'est pas banalisée ou dénaturée) comme l'altérité absolue et le péril absolu.

On pourrait objecter que cette assimilation de la technique au Mal absolu est secrètement gouvernée par un anthropocentrisme philosophique qui juge pernicieux tout ce qui porte atteinte à l'intégrité essentielle de l'homme. Pourquoi le Mal ne serait-il pas plutôt dans cet anthropocentrisme narcissique, dans la volonté de blocage de l'évolution sur l'homme et de résorption de toute créativité et opérativité dans l'ordre symbolique (culturel-historique) interne à l'essence de l'homme ?

Autrement dit, pourquoi le « bien » ne consisterait-il pas dans l'obéissance à l'impératif an-éthique compris comme la loi même de l'opérativité cosmique, comme « le commandement suprême de Dieu » ? La transcendance noire serait le destin de l'humanité engagée depuis toujours dans le procès d'univers, et en se pliant aux principes a-théorique et an-éthique de la techno-science, l'homme, du fond de lui-même au-delà de lui-même, ne ferait que se soumettre à l'opérativité aveugle et muette dont il est l'enfant. C'est ce genre de justification qui est donnée généralement en sourdine, par les partisans des manipulations génétiques qui seraient à considérer dans le prolongement du mouvement de l'évolution.

Avec cette dernière affirmation et résolution en faveur de la Transcendance noire, nous avons accédé à une *expression symbolique culminante.* Celle-ci ne doit pas être mal comprise. D'abord, nous ne pensons pas devoir y adhérer (ainsi qu'il sera exposé dans la dernière section). D'autre part, cette expression sera nécessairement mal comprise si le lecteur l'isole de tout le contexte qui la prépare, la porte et l'entoure. Tout malentendu de cette sorte fera de la pensée de la transcendance noire l'étendard d'une idéologie extrême, produite par l'univers technicien. Or, nous ne pensons pas qu'il s'agisse d'une idéologie parce que, en dernière analyse, l'expression « transcendance noire » évoque fondamentalement l'expérience du mystère, de notre impénétrable déréliction. Les idéologies fournissent des vérités, des solutions, des points de repère, des consignes précises, des justifications rassurantes. L'expérience de la technique que nous avons élaborée dans ces pages dérobe essentiellement tout ce que les idéologies ont coutume d'offrir à profusion. C'est pourquoi nous pensons que l'approche de la technique qui place celle-ci dans la perspective de l'énigme, de l'ouverture et de l'impuissance à trouver des solutions peut être dite *authentiquement philosophique* et pour cela nécessairement critique d'un certain type, courant et traditionnel, de philosophie dont nous avons suivi, brièvement dans la section I et plus longuement ailleurs[1], les contours.

La pensée de la Transcendance noire n'est *ni technique ni idéologique* : elle échappe aux clôtures techniciennes (informaticiennes) et idéologiques du technocosme. Elle ménage dans le système une ouverture sans fond et sans site qui engage la technique tout entière et l'humanité. En ce sens, elle est le propre d'une philosophie de la technique.

Cependant, s'il est vrai que la philosophie devient stérile lorsqu'elle se bloque obsessionnellement sur le ressassement de l'essence naturelle-culturelle de l'homme sans prendre du tout la mesure de l'altérité puissante et obscure qui a bouté l'homme hors de la plénitude de son essence de vivant parlant, s'il est vrai que la philosophie s'appauvrit et n'en finit pas de pourrir dans le confinement anthropologiste anthropocentré, il est non moins vrai qu'elle se perd et risque de n'être plus, rapidement, qu'une idéologie technicienne si, *oubliant l'homme et le signe*, elle se précipite dans la fascination exclusive de l'Autre de l'Homme. Cette tentation, nous l'avons suivie dans la Section qui s'achève. Il faut maintenant, au terme de cet excès *que rendait nécessaire l'inertie anthropologiste* quasi universelle au milieu de laquelle nous avons pris la parole, revenir à l'Homme

---

1. *L'Inflation du langage dans la philosophie contemporaine* et *Pour une Métaphilosophie du langage*.

et au Signe. L'Homme et le Signe ne sont plus le cadre ou l'horizon universels (de sens), ils apparaissent au contraire *sur fond d'opacité et d'ouverture radicales*, sur le fond d'une altérité *qui n'a rien de commun avec un horizon de sens*.

Section IV

ENTRE SIGNE ET TECHNIQUE

1. LA TECHNIQUE HORS DE L'ÉTHIQUE

> L'autonomie (de la technique) se manifeste à l'égard de
> la morale et des valeurs spirituelles. La technique ne
> supporte aucun jugement, n'accepte aucune limitation
> [...] elle se situe en dehors du bien et du mal[1].

Observer l'impératif « déontique » propre à la
technique projette d'emblée hors du champ éthique.
L'éthique cesse d'être pertinente là où le principe même
d'une libre auto-limitation de ce qu'il est possible de faire
n'a plus cours.

Au problème éthique et technique, la solution paraît
être dans la détermination d'une *voie moyenne* qui
consisterait à fuir les extrêmes de la technophilie effrénée
et de la technophobie réactionnaire, et à opérer des *choix*
entre les possibles techniques à actualiser et les possibles
techniques auxquels on décide de renoncer.

> Nous ne devons pas faire tout ce que la technique nous
> rend capable de faire [...], mais où est la morale de
> la pratique technicienne qui nous donnera les critères

---

1. J. Ellul, *La Technique ou l'enjeu du siècle, op. cit.*, p. 121-122.

pour déterminer quels possibles techniques nous
encouragerons et quels possibles nous abandonnerons ? [1].

La voie moyenne soulève la question difficile des
critères. Une réponse *formelle* est immédiatement
disponible : « Ne rien faire qui ne soit pour le Bien de
l'Homme (individu, société, humanité) ». Avant d'examiner s'il est possible et s'il y a lieu de concrétiser ce
critère général et formel en tentant de préciser ce qui
relève du Bien de l'Homme (problématique qui n'est
pas du tout spécifique de la philosophie de la technique,
notons-le), il est indispensable de chercher si déjà sur le
plan de son énonciation *formelle*, ce critère ne soulève
aucun problème ou aucune objection qui rendrait vaine
l'entreprise de le préciser.

Une constatation s'impose d'emblée : *la détermination
d'une voie moyenne qui placerait la technique au service
de l'humanité apporte une solution anthropologiste (et
instrumentaliste) à la question éthique et technique.*
Nous savons qu'il existe de très puissantes objections
contre toute tentative d'évaluation anthropologiste du
phénomène technique. Ces objections sortent-elles
renforcées de l'analyse de l'éventualité d'une « voie
moyenne » ou d'un service technologique de l'humanité
comme cadre général d'une solution à la problématique
des rapports éthique et technique ? Il semble bien que *oui*,
car il faut craindre une espèce de débordement fatal des
« moyens » sur la fin (l'Homme, le Bien de l'Homme),
débordement qui altère celle-ci et « truque » le service
technologique de l'Humanité.

---

1. G. Ropohl, « Technik – ein Problem der Philosophie ? »,
Philosophia Naturalis, 1981.

Voici, afin d'illustrer ce processus, quelques exemples de possibles techno-scientifiques sur l'apparence « bénéfique » desquels une assez large entente devrait pouvoir se faire [1].

– La neurotechnologie permettra de supprimer ou de canaliser la douleur, l'agressivité, l'angoisse ou encore de stimuler le sommeil, la lucidité, le courage, la tranquillité… grâce à des implants électro-chimiques à contrôle manuel ou directement volontaire.

– Les technologies de la procréation permettront de ne plus charger la société d'individus souffrant de défauts génétiques opérables (eugénisme négatif), d'améliorer la qualité générale de la semence humaine (eugénisme positif), d'éviter des accouplements tendant à renforcer des défectuosités génétiques potentielles (planification informatisée des mariages), etc.

– Les recherches techno-scientifiques sur le processus de la sénescence permettront un jour d'allonger la vie moyenne de quelques décennies.

– Les possibilités des prothèses mélioratives sont innombrables : depuis les organes sensoriels plus différenciés et plus étendus jusqu'à la disposition d'unités de mémoire ou de logique internes ou externes d'accès immédiat.

Ces possibles techno-scientifiques sont réellement explorés et largement encouragés de nos jours. Avec des réserves et des nuances, ils sont ressentis comme étant au service de l'humanité. Pourtant, ils affectent sensiblement la condition humaine de la conception à la mort, de sorte qu'ils appartiennent, au moins partiellement, davantage à

---

1. D'une façon générale, notre référence pour ces exemples est le livre de V. Packard, *The People Shapers*.

la catégorie de la *mutation* (transformation discontinue et irréversible) qu'à celle de l'accomplissement (symbolique et interne à l'essence de l'homme). Aussi, ces possibles comportent-ils une charge d'opacité et d'imprévisibilité, d'ouverture aussi, qu'aucune anticipation logothéorique et axiologique n'est capable de percer et de maîtriser. Personne ne peut prédire comment réagira – c'est-à-dire ce que fera, entreprendra, osera ou n'osera pas – une humanité partiellement ou complètement refaçonnée pour son « bien ». D'autant plus que ces transformations mutationnelles peuvent être cumulatives et s'épauler mutuellement dans la direction d'une altérité de plus en plus éloignée de l'homme naturel-culturel alors que c'était son « bien » – c'est-à-dire, en somme, son essence accomplie – qui avait été visé. Quelles audaces hanteraient des « hommes » dont la longévité aurait doublé ou triplé ? Qu'entreprendrait ou à quoi se résignerait une société électro-chimiquement pacifiée et rassérénée ? Comment penseront et agiront des collectivités dont les individus disposeraient d'une expérience sensorielle élargie et d'un pouvoir intellectuel et mémoriel multiplié par cent ? Que sera le « genre humain » sans ses déviants et enrichi d'individus de parents inconnus, uniques (clones) ou multiples (trois, quatre donneurs génétiques) ? Ces questions sont absolument sans réponse, mais elles font signe en direction *d'un débordement imprévisible des cadres anthropologiques*. L'« humanité » techno-scienti-fiquement modifiée pour son « bien » aura à l'histoire, à la culture, à l'art, au langage, à l'action, au monde, à autrui, à soi-même et à la technique elle-même, des relations que nous ne pouvons absolument pas prévoir ni même imaginer sérieusement.

Pourquoi ce débordement fatal? Parce que la technique n'est pas un simple moyen ou instrument ni un processus anthropologique et anthropocentré. La virulence an-anthropologique de la technique – qui se reflète immédiatement dans son principe anti-théorique et an-éthique – se réimpose en dépit de toutes les négations et de toutes les ignorances anthropologistes.

Dès que l'on utilise la technique à autre chose qu'à conserver (fonction contraire à son essence constructiviste, inventive, artificieuse), elle fait éclater les cadres anthropocentrés et, du même coup, pousse hors du champ de l'éthique.

2. Enjeu : l'éthicité

L'homme n'est pas seulement l'animal symbolique, il est aussi essentiellement le *vivant qui choisit* en fonction d'une sensibilité éthique qui lui est propre et qui le conduit à apprécier ses interventions dans le cours aveugle des événements par rapport à des valeurs.

La valeur absolument singulière de l'homme lui-même tient dans ce fait, sans commune mesure avec tous les autres faits de l'univers, qu'avec lui la valeur fait irruption dans l'univers. Hors de l'humanité naturelle-culturelle, quelque chose comme l'éthique n'existe pas : *humanité et éthicité sont solidaires.*

L'éventualité de mutations non symboliques, de reconstructions techniques de l'humanité qui seraient autant de transformations externes à l'essence logothéorique et axiologique de l'homme risquent, presque à coup sûr, *d'affecter la capacité éthique de l'homme et donc la possibilité même de l'éthique.* La philosophie de la technique ne rencontre pas la question de

l'éthique comme une question quelconque. Elle s'y heurte
en vertu d'une nécessité interne. D'abord parce que dans
le sillage de la reconnaissance du primat du pratique et du
technique, le repli sur une position de neutralité théorique
et innocente (la science était « pure ») est exclu ; ensuite,
parce que faire et agir sont dépendants de la capacité, du
pouvoir de faire et d'agir et que la technique a étendu cette
puissance jusqu'en des lieux (la responsabilité à l'égard
de la « biosphère », par exemple ; la « nature » avant
le règne technique prenait soin d'elle-même) et en des
temps (le futur à moyen ou long termes ; la responsabilité
déborde la sphère du présent et de l'avenir immédiat des
relations humaines) d'où elle demeurait naguère encore
absente. Enfin – et cette dernière raison nous requiert ici
plus et autrement que les deux précédentes – parce qu'en
affectant l'essence même de l'homme et en s'avançant
comme extérieure à cette essence, la technique met en
question la source vive de toute éthique.

Ce dernier point bien pesé, on comprend que la
rencontre technique-éthique n'est pas banale et que la
subordination classique de la question de la technique
(moyens) à celle des fins et des valeurs est caduque. *La
philosophie de la technique découvre que ce qui est mis
en jeu (et donc menacé) par le règne technique* (compte
tenu de sa nature an-éthique et de sa puissance de
transformation de l'être axio-logique ou éthique que nous
sommes), *c'est la capacité éthique elle-même : l'éthicité.*
Le règne technique fait surgir l'éventualité très concrète
de la modification radicale voire même de la disparition
de l'éthique comme conséquence d'une mutation de
l'homme.

Songeant aux « manipulations et interventions
directes sur le corps et le cerveau », D.J. Roy rapporte

ces mots de Kass : « Les dernières technologies bio-
médicales modifieront la capacité de choix inhérente à
la nature de l'homme »[1]. Dans un autre sens, tout aussi
important, cette éventualité est également associée au
processus d'informatisation du technocosme.

La philosophie de la technique rencontre donc le
problème éthique d'une façon tout à fait originale et
radicale : la confrontation et la problématique suscitée
par cette confrontation ne sont pas *intra-éthiques*, comme
si la technique et son développement étaient l'objet d'une
joute entre des morales opposées (prônant des valeurs
et des finalités, des conceptions du « bien » divergentes
voire opposées). La rencontre technique-éthique est
infiniment plus fondamentale : elle met en jeu l'éthique
elle-même et semble exiger un choix qui ne serait pas
celui de *l'une ou l'autre éthique* mais de *l'éthique ou de
l'autre de l'éthique.*

3. LE CRITÈRE DE LA SAUVEGARDE
DE LA SENSIBILITÉ ÉTHIQUE

Le « bien de l'homme » est un critère truqué et
anthropologique ; il est fondamentalement insatisfaisant
parce qu'il ne s'appuie pas sur une appréhension correcte
du rapport technique-éthique. Il interprète ce rapport
comme une relation de subordination simple de la
technique à l'éthique, des moyens aux fins déterminées
conformément à des valeurs et indépendamment de
la considération de ce qui « ne serait que le domaine
des moyens et des instruments ». Nous avons vu
que la virulence an-éthique et plus généralement an-

1. *La Bioéthique* (*Cahiers de bioéthique*, n° 1), Québec, Presses de
l'Université Laval, 1979, p. 84.

anthropologique de la technique finit par forcer tous les carcans anthropocentrés.

Comme l'éthicité est solidaire de l'humanité (et réciproquement), comme l'une et l'autre sont menacées par la croissance technique, comme enfin la valeur de l'homme – sa singularité – provient du « fait » qu'il est la source de toutes valeurs, et donc du « fait » de sa sensibilité éthique, la question essentielle devient : *faut-il préserver cette sensibilité et donc l'éthicité dans l'univers ?* La réponse affirmative à cette question – et nous dirons plus loin pourquoi cette réponse doit être, pour nous, affirmative – implique que toutes précautions soient prises en vue de la préservation de l'homme naturel-culturel dont la subsistance conditionne la possibilité même de l'éthique.

Aussitôt un critère, à la fois général et précis, se laisse formuler : *il convient de promouvoir uniquement les possibles techno-scientifiques qui ne risquent pas d'altérer gravement et irréversiblement, voire de supprimer la capacité éthique de l'humanité.* Dans la mesure où la technique en soi ignore l'auto-limitation, la règle d'éthicité est nécessairement une consigne de restrictions, de renoncement. Dans un ouvrage récent (*Das Prinzip Verantwortung. Versuch einer Ethik für die technologische Zivilisation*), H. Jonas propose comme loi éthique fondamentale que l'existence ou l'essence de l'homme ne soit jamais l'enjeu de la manipulation technique. Ce principe peut s'énoncer ainsi : « Agis de telle façon que les conséquences de ton action soient compatibles avec la permanence d'une vie authentiquement humaine sur Terre » ou encore « de sorte que l'homme puisse être en tant qu'homme ». Jonas songe moins à la menace d'une destruction totale de l'humanité par suite d'une guerre nucléaire par exemple, qu'à ce qu'il nomme « le meurtre essentiel » : la déconstruction-reconstruction technique de l'homme qui comporte le danger capital d'une mise en péril de la *capacité éthique*, propre à l'humanité. Les exemples de tentations techniques comportant la possibilité d'une perversion irréversible de l'essence axio-logique de l'homme sont nombreux.

Telles les techniques de *refonte de la procréation* : stockage, vente et achat de semence humaine ou d'embryons congelés implantables; la garantie sur la qualité de cette semence ou de ces embryons avec la possibilité de choisir entre diverses propriétés physiques (sexe, taille, couleur des yeux, des cheveux, etc.) ou psychiques; l'éventualité même de « passer commande » d'un embryon présentant telles et telles qualités; usage d'organes sexuels et de gestation autonomes (et forcément anonymes), c'est-à-dire séparés de toute personnalité corporelle intégrale pour « produire » des humains sans parents; conception d'enfants à plus de deux parents génétiques (« enrichis ») ou de clones c'est-à-dire de copies génétiquement absolument conformes d'individus : « L'individualité, la qualité du soi est un fait essentiel de notre vie. L'idée d'humains non individualisés, absolument identiques, est terrifiante quand on y pense » – « La mise au monde même d'un seul individu par clonage nous semble moralement répugnante »[1]. Il y a ici plus qu'un réflexe impressionniste : il est indéniable que la « mise en circulation sociale » de clones ou d'autres humains « technogènes » affecterait profondément – mais en quel sens ? – les relations individuelles et collectives.

1. « Clonage de mammifères : le "meilleur des mondes" est-il pour demain ? », *La Recherche*, avril 1981.

La manipulation technique de la personnalité et de l'humeur, de la lucidité, de la mémoire, de la vivacité de l'esprit, de l'imagination sur la voie d'une sorte de technologie des vices et des vertus entraînerait la désuétude irréversible de l'effort, de la volonté, de la patience, de l'abnégation… « Est-ce que de semblables utilisateurs de boutons de plaisir n'auraient pas bientôt des problèmes d'identité ? Ne deviendraient-ils pas une souffrance dans le corps social ? Seul le temps pourrait le dire » [1].

Plus inquiétantes peut-être encore pour la sauvegarde de la sensibilité éthique sont les perspectives ouvertes par la *manipulation génétique* de l'espèce : toutes les formes d'eugénisme mélioratif, toutes les formes de manipulation « de recherche pure », les possibilités d'hybridation (homme-singe par ex., et production de toute une gamme de para-humains destinés à des fonctions asservies voire comme stocks vivants d'organes, corps sans intelligence ou à intelligence minimale).

Enfin, jusqu'où convient-il de pousser la *technologie de la greffe et plus encore de la prothèse ?* Que penser des recherches sur les greffes de « tête » et de « cerveau » ? Quelles seraient les conséquences de remplacements ou d'adjonctions prothétiques concernant les éléments de la personnalité (unités logiques et mémorielles artificielles) ? Quel rapport pourrait-on avoir à des individus dont plus de cinquante pour cent des organes seraient artificiels ?

Nous ne prolongerons pas cette liste purement indicative, ou plutôt suggestive. Il est clair que chacun des possibles techno-scientifiques évoqués affecterait – mais dans quelle mesure et dans quel sens ? – la sensibilité éthique de l'homme et qu'un effet de cumulation risquerait

1. V. Packard, *The People Shapers*, *op. cit.*, p. 60.

de mener fort loin. Il est certain aussi que la question de l'éthicité doit être posée déjà dans le cas de manipulations techniques infiniment moins spectaculaires (ainsi par exemple : la carence d'organes de remplacement est bien connue. Faut-il instituer une loi autorisant le prélèvement d'office sur les cadavres ? Une telle législation altérerait-elle le sens du respect dû au défunt ?). Chaque possible technique constitue pratiquement un cas d'espèce ; dans la réflexion philosophique générale sur la technique que nous menons ici, nous ne pouvons pas aller au-delà de l'expression formelle du critère. Il est à noter que ce critère ménage un droit à l'erreur : la manipulation technique n'est guère susceptible de supprimer massivement et d'un coup la capacité éthique de l'humanité, aussi le constat d'altérations entraînées faute de prudence ou par défaut d'analyse correcte (puisque la recherche techno-scientifique est largement imprévisible et que la technique est construction, invention, l'anticipation des conséquences est toujours en partie aléatoire) devrait-il, en principe, permettre de faire machine arrière et de ne pas poursuivre sur la voie dangereuse de *l'anesthésie morale*.

Nous avons, dans ce chapitre encore, rappelé l'insuffisance de l'évaluation anthropologiste de la technique. Le critère de la sauvegarde éthique ne réintroduit-il pas subrepticement un anthropologisme ? La réponse est *négative*. L'anthropologisme ramène l'essence et le sens de la technique à l'humanité. Le critère proposé trouve la justification de sa nécessité précisément dans la *virulence an-anthropologique de la technique. C'est parce que celle-ci force les cadres anthropocentrés, c'est parce qu'elle conduit spontanément hors de l'éthique et hors de l'homme*, c'est donc au fond parce qu'elle n'est

pas anthropologique que la technique doit être, non
mesurée, mais balancée par une sorte de protectionnisme
actif de l'humain. Si la technique demeurait mesurable à
l'essence de l'homme, si elle ne pouvait entraîner que des
égarements réversibles et non mutationnels, le problème
serait très différent et le danger infiniment moins grave.
Dans ce cas, la technique susciterait des problèmes
éthiques mais elle ne mettrait pas en jeu, et en péril,
l'éthique comme telle. Une idéologie, par exemple, peut
être extrêmement pernicieuse et profondément immorale ;
elle peut fourvoyer le libre logos de l'humanité dans la
pire des aliénations culturelles, mais celles-ci ne seront
jamais que des voilements réversibles de l'essence de
l'homme, incapables d'altérer sans retour sa spécificité
de vivant parlant et choisissant. Les égarements idéologiques, internes à l'essence de l'homme, quelle que
soit leur perversité, sont naturellement guérissables
d'eux-mêmes. Ils menacent des sociétés, des cultures,
des civilisations – l'histoire est remplie de génocides
ou de suicides culturels – ils ne mettent pas en péril
l'humanité elle-même. *Si ce n'est dans deux cas* : celui
de l'éventualité d'une folie idéologique entraînant le
suicide, l'anéantissement physique radical de l'humanité ;
celui, plus pernicieux, des idéologies techniciennes qui
déboucheraient sur des pratiques mutationnelles portées,
ouvertement ou non, par le principe an-éthique de la
technique.

4. La source vive de l'éthicité et la prudence

Sur quoi se fonde l'obligation de préserver l'éthique
dans l'Univers ? Cette question ne peut être esquivée par
le philosophe en quête de raisons. Mais il semble difficile

de découvrir encore pour elle un horizon de réponse ou seulement d'élaboration. La pensée de la technique, conduite radicalement, voile de façon irréversible la puissance logo-théorique et axio-logique qui permettait d'entreprendre une œuvre de fondation conceptuelle, plus généralement symbolique. Pourtant, il paraît également inacceptable que l'obligation de sauver la sensibilité éthique demeure en l'air, suspendue sans appui au bout d'une tradition, d'une habitude, d'une impossibilité de « sens commun » d'adopter une autre attitude, d'une inertie en somme qui viendrait du passé et qui serait de l'ordre des résistances vagues et diffuses ou de celui des résistances dogmatiques et raidies.

Afin de tenter de sortir de cette impasse, posons encore une fois clairement le problème : *entre éthicité et humanité*, il y a une liaison étroite et *réciproque*. Il n'y a pas d'éthique sans hommes mais réciproquement l'éthique valorise l'humanité. Être moral, c'est respecter autrui, ne pas mépriser la dignité humaine, aborder l'autre comme son prochain... L'éthique est ainsi le constant secours de ce qui – l'humanité – la conditionne par ailleurs. *L'éthique soutient l'humanité qui soutient l'éthique*. Ceci signifie qu'*être moral et choisir l'homme ne sont pas séparables* : choisir d'être moral, c'est choisir de préserver l'humanité et réciproquement. Cette réciprocité ne tolère aucune priorité logique ou chronologique : l'instauration de l'éthique et de l'humain est *une*, indéfectiblement. Seulement, sous sa forme logique développée, cette simultanéité revêt l'aspect d'un cercle et n'apporte aucune fondation. Qu'est-ce qui pousse l'homme à être moral si ce n'est le fait qu'il est homme – donc moral – et qu'à travers l'exercice de l'éthique il vise la sauvegarde de l'humanité? Mais d'autres forces que celles de la conservation travaillent l'humanité et la poussent hors d'elle-même. Pourquoi l'individu opterait-il plutôt pour la conservation, la perpétuation de l'humanité à l'intérieur de son essence axiologique, que pour les puissances de dépassement avec rupture d'essence? Il n'y a à cette question aucune réponse conceptuelle – aucune *raison* – qui tienne au point où nous sommes arrivés. Il n'y a aucun fondement philosophique au choix éthique de l'homme (qui est en même temps choix de l'éthique). Toute réponse en ce sens serait articulée à partir de et à l'intérieur de l'essence humaine que le choix met en jeu, c'est-à-dire que dès le premier mot cette réponse ferait comme si la cause était entendue, de sorte que le développement « fondateur » ne serait rien de plus qu'une comédie que l'essence logo-théorique de l'homme se joue à elle-même pour se conforter du sein d'elle-même.

Reconnaissons donc qu'il n'y a au choix éthique de l'homme aucun fondement qui ne paraisse, aujourd'hui, forcé, artificiel ou abusif. Concrètement, cela signifie qu'il est hors de propos de ressusciter un discours métaphysique ou théologique au secours de l'humanité.

Le choix éthique de l'homme procède d'une *source vive* dont la nature n'est pas logothéorique : *l'amour*. La moralité s'alimente positivement à une constellation affective faite de bienveillance, de respect, de générosité, d'affection, de compassion, de désir d'aider autrui et de ne pas lui causer de tort. Ce complexe « philanthrope » est le point d'ancrage de toute valorisation de l'homme et la force motrice non conceptuelle du cercle de l'éthicité et de l'humanité. Parler de la valeur de l'homme et assimiler cette valeur au « fait » que l'homme est la source de toutes valeurs est une manière conceptuelle et métaphysique de dire que l'être humain éprouve à l'égard de son semblable un complexe de sentiments dont le foyer est amour et que seul dans l'univers, l'être humain entretient ce foyer.

La seule force capable de contrebalancer les tentations et les puissances de la technique est l'*amour*. Pas directement en tant qu'émotion, affection, sentiment purs. L'amour doit *innerver le signe*, inspirer les discours et les écrits, orienter l'ordre symbolique et par ce biais – d'une certaine façon idéologique – influencer la croissance technicienne. Un exemple très concret permettra d'illustrer ceci. Depuis que se sont développées les techniques de la greffe d'organes, la rareté de ceux-ci se fait cruellement sentir. Aussi, une appréhension techno-scientifique du cadavre comme réservoir d'organes tente-t-elle de s'imposer au détriment des sentiments de respect dû à un défunt aimé et au corps mort de l'homme en général, de sorte qu'une législation, superficiellement humaniste mais en fait idéologique et profondément techniciste, menace de généraliser le droit de prise d'organe sans que les proches aient la capacité de s'y opposer. Dans une analyse exemplaire, P. Remy [1] conclut sur la nécessité d'*articuler les deux fonctions* du corps mort : celle, ancienne, du cadavre comme symbole, affectivement très chargé, d'une présence absente ; celle, nouvelle, du cadavre comme réservoir technique d'organes ou champ de recherches et d'expériences. Penser *éthiquement* le prélèvement d'organes, c'est chercher à harmoniser la fonction instrumentale et la

---

1. « La loi française sur les prélèvements d'organes », *La Bioéthique* (*Cahiers de bioéthique*, n° 1), Québec, Presses de l'Université Laval, 1979.

fonction symbolique du corps mort en promouvant le principe du *don* (qui est amour) d'organes et non de la *prise* impersonnelle, même si cette dernière se fait sous le couvert d'un humanisme anonyme.

Si la source du choix éthique de l'humanité est l'amour, ce choix n'a plus besoin d'une autre légitimité. *L'amour n'est pas en attente de fondement.* Il se suffit à lui-même ; il est à lui-même sa propre et entière justification.

Auto-fondateur, l'amour présente une structure spéculative : *affectivement* – non conceptuellement – *spéculative.* De ce point de vue, il comporte également une tentation : celle de se poser spontanément comme un Absolu transcendant, indépendant de l'homme : le dieu Amour. C'est ce que nous appelons la tentation de la *Transcendance blanche* qui, sous une forme élaborée, est le projet ou la reprise d'une métaphysique ou d'une théologie de l'Amour. La tentation d'un Dieu « philanthrope » origine, fin et médiateur de l'amour humain et seul recours contre la croissance du règne technicien n'est absolument pas insignifiante. Dans la mesure où l'amour est en effet la seule force capable de s'opposer aux puissances de déconstruction de l'humanité, cette promotion de l'amour n'est pas non plus dépourvue de légitimité. Il est remarquable de voir à quel point la juste perception de la technique comme ne relevant pas d'une estimation anthropologique – et ayant donc un poids (non un sens) ontologique – suscite des réflexes et des recours théologiques ou en tout cas religieux, jusque chez les philosophes qui ne peuvent pas être soupçonnés de complaisances faciles et superficielles à l'égard de la métaphysique et de la théologie : tel Heidegger proclamant dans un contexte où il s'agit explicitement de

la technique : « Seul un Dieu peut encore nous sauver »[1].
Mais, ainsi que nous l'avons déjà signalé, il semble aussi,
inversement, que ce soit parmi les penseurs doués d'une
sensibilité religieuse que l'on rencontre ceux qui ont le
mieux perçu la portée non anthropologique et an-éthique
de la technique. Le christianisme, religion de l'amour,
offre ici un terrain symbolique particulièrement riche et
actif[2].

L'ouvrage de J. Brun, *Les Masques du désir*, y
puise ses attendus ultimes en concluant sur une note qui
explicite ce qui était demeuré tout au long du livre quasi
imperceptible : « La victoire du Christ n'implique aucune
action technique qui donnerait au monde le pouvoir
de triompher de lui-même. Elle est celle de l'Amour
mystérieux en qui toutes les lumières de la Terre viennent
s'éteindre, pour faire place à une aurore dont elles
n'étaient que les ombres portées voguant à la dérive ».

Toute la pensée de J. Ellul concernant la technique,
bien qu'elle soit parfaitement cohérente et profondément
originale en elle-même, fait également intervenir cette
ultime instance de l'Amour, de Dieu et de la Foi.

> « L'homme ou la nature, ce n'est pas suffisant comme
> fondement d'une critique technique et ce n'est pas non
> plus le contrepoint de la toute-puissance technique.
> Celle-ci est un tout englobant (y compris l'homme et
> la nature !). Pour qu'il existe une force complètement

---

1. « Nur ein Gott kann uns noch retten ».
2. H.J. Meyer (*Die Technisierung der Welt*, *op. cit.*, p. 250) note
que B. Russell estimait que seul le christianisme pouvait encore
s'opposer à la science-technique en raison du capital d'amour et de joie
qu'il détient. Dans les dernières pages (295 *sq.*), il conclut lui-même en
disant que seules des *forces éthico-religieuses* peuvent contrecarrer la
destitution technicienne de l'homme naturel-culturel.

en dehors du système, cette force que le système est incapable d'absorber ne peut être que Dieu, un Dieu transcendant » – « (le Dieu de Jésus-Christ) est le seul recours de l'homme face à la technique". Il s'agit bien expressément d'un "Dieu d'Amour et d'Espérance" »[1].

L'Amour n'a pas besoin de fondement ou de légitimation, il est à lui-même sa propre justification. Toutefois, il est possible d'avancer *une raison* qui nous convie à entendre les sollicitations de l'amour en faveur de la préservation de l'humain. Cette raison tient toute dans notre *impuissance* et elle s'identifie positivement à la *prudence*. Une prudence cosmique ou ontologique, une circonspection évolutive. Le futur, nous l'avons dit, est totalement opaque et ouvert. L'expérience du temps induite par le technocosme est solidaire de la ruine de toute eschatologie comme de toute ontologie. Il ne nous reste aucun guide, aucun garde-fou symbolique sûr. Ceux qui demeurent viennent du passé ; ce sont des barrières sclérosées dont la désuétude peut à tout moment éclater : ne postulant nulle vue claire de la technique, elles n'offrent aucune garantie, et la lumière qui les accompagne est fausse ou trop courte. Les grands réseaux symboliques issus du passé – telles les grandes religions ou les grandes idéologies – peuvent précipiter l'humanité dans les culs-de-sac de l'évolution soit en faisant inconsidérément le jeu du règne technique soit par excès de réaction contre ce règne.

Seule l'expérience d'amour, que chaque homme devrait pouvoir faire et peut faire indépendamment des réseaux de fixation symbolique du « complexe

1. J. Ellul, *À Temps et à Contretemps*, Paris, Le Centurion, 1981, p. 182-183.

philanthrope » (dans le christianisme par exemple ou dans l'humanisme socialiste et laïc) – fixations idéologiques qui risquent toujours de déboucher sur des inquisitions « in-humaines » et stupides –, seule l'expérience vive d'amour (et donc du respect, de la dignité, de la valeur du semblable) *est une source non suspecte de la résistance à l'impératif an-éthique de la croissance technicienne. Il y a là – et là seulement – comme une lumière* non symbolique qui, si elle ne perce pas le « Mur cosmique », nous offre cependant une force, un point d'attache, une positivité qui nous retiennent de nous précipiter dans l'abîme opaque du temps en cédant à la fascination désespérée de la Transcendance noire. Cette retenue affective est le point de départ de toute attitude mesurée à l'égard du possible technique. Elle est la source de la *prudence* cosmique dont l'Humanité a aujourd'hui, alors qu'elle acquiert le pouvoir d'auto-anéantissement et d'auto-reconstruction, le plus grand besoin.

5. L'Homme, médiateur du signe et de la technique

Altérité et différence irréductible ne sont pas nécessairement synonymes d'absence de toute interaction. Pour qu'il y ait relation et influence du signe à la technique et inversement, il faut une *médiation*. Comme tels, le signe ou le symbole n'enclenchent pas directement ni sur un processus physique ni sur un processus technique, contrairement à l'illusion que la magie et les croyances diverses en une puissance physique-cosmique de la parole et du symbole ont entretenue parmi les hommes. Les signes informatisés jouissent d'une efficacité technique précisément parce qu'ils n'ont plus rien de commun avec le langage humain. Ils fonctionnent indépendamment de l'homme comme c'est le cas des systèmes pourvus d'un dispositif d'auto-régulation qui réagit automatiquement aux informations qui lui parviennent à propos du milieu et des effets de sa propre action sur le milieu.

L'homme est le médiateur du signe et de la technique. À travers l'homme, l'ordre symbolique influence le règne technique et celui-ci retentit sur celui-là. Par l'homme, une interaction circulaire est possible et une sorte de *feed back* global n'est pas exclu : la technique oriente le champ du signe qui réagit sur la forme et les modalités de la croissance technicienne. L'interaction complexe du signe et de la technique à travers l'humanité est *un fait* : il y a inter-action spontanée, sauvage tant sur le plan de l'individu qui vit le technocosme et la technochronie et qui produit sous leur impact un flot symbolique dont la pensée, l'art et aussi la pathologie du XX e siècle témoignent abondamment, que sur le plan des collectivités porteuses d'idéologies.

La scène politique devrait être le lieu de l'interaction lucide, calculée, volontaire – en tout cas la plus lucide, la plus calculée et la plus volontaire possible – du signe et de la technique. De cette médiation, qu'il appartiendrait, par excellence, au politique d'exercer, le système technicien a absolument besoin même là où il réduit au maximum l'importance du symbolique. Contrairement à la biosphère naturelle, la technosphère ne se préserve pas d'elle-même (du moins telle qu'elle existe aujourd'hui) : sa perpétuation, sa croissance, son équilibre ne vont pas de soi. L'homme joue un rôle indispensable comme réparateur, médiateur et vecteur de croissance du milieu technique; ce rôle n'est pas celui – si ce n'est par l'effet d'une illusion – du meneur de jeu qui saurait toujours où il en est et où il va. Il y a lieu de distinguer entre la *médiation proprement technique* assurée par l'homme en tant que *technicien*[1] (ainsi par exemple lorsqu'une panne se produit en un endroit crucial du réseau électrique, une fraction considérable d'un technocosme urbain se trouve paralysée et la réparation ne se fait pas d'elle-même) – médiation qui pourrait un jour être totalement prise en charge par le système lui-même? – et *la médiation symbolique* qui est tout autre chose mais qui fournit au règne technique une part considérable de son dynamisme (ce sont des symboles fascinants qui stimulent le développement de certains possibles techniques : tel est le rôle des idéologies utopistes) et de son inertie (anti-utopies).

Aussi longtemps que la technique ne se gardera pas elle-même, aussi longtemps que l'entretien et la croissance du système technicien nécessiteront l'intervention de *techniciens* et aussi longtemps que ceux-ci seront aussi des *hommes*, l'autonomie du règne technique connaîtra des limites et l'influence de l'ordre symbolique restera au moins toujours possible et probablement effective. Ce que serait une technosphère d'où une telle influence aurait été évincée, c'est-à-dire, en somme, à quoi ressemblerait le règne technique, devenu vraiment autonome, sans la nécessité de l'intervention humaine (*authentiquement* humaine, il se pourrait aussi que l'homme soit réduit à un rôle de pur servant du technique

---

1. Selon J. Ellul (*Le Système technicien*, p. 133), c'est par le biais du complexe informatique et de ses moyens que l'autorégulation pourrait se faire, mais la jonction entre ce complexe et le reste du système ne peut être réalisée sans la médiation humaine. Le *feed back* indispensable à l'autonomie technicienne est rendu possible par l'informatisation mais celle-ci exige la médiation d'un être non-technique, l'homme, qui va contre cette autonomie.

sans la moindre indépendance symbolique), nul ne peut le dire. Il est tentant de penser qu'une technosphère de ce type n'évoluerait plus (partant de la conviction qu'à la source de la croissance technique il y a l'homme et ses symboles), qu'elle s'entretiendrait homéostatiquement, ou se précipiterait mécaniquement dans une direction jusqu'à l'impasse de l'arrêt ou de la circulation à vide, mais rien n'est moins sûr. Que l'homme, comme tel, sera toujours indispensable à la croissance technique n'est peut-être qu'une illusion anthropocentriste qu'ébranle la simple considération de l'évolution cosmique et de la bio-évolution : la complexité n'a pas attendu l'homme pour croître dans l'univers, sans quoi l'homme ne serait jamais apparu et rien n'aurait jamais été construit à partir du brasier originel.

Inversement d'ailleurs, la subsistance de l'homme n'est aucunement une garantie de la croissance continuée du règne technique. La technique pourrait fort bien – l'imaginaire du futur est plein de ce genre de visions depuis A. Huxley – conduire l'humanité à un état de béatitude psychosomatique et d'ataraxie caractéristique d'une impasse évolutive euphorique qui assignerait l'espèce humaine à la stagnation non évolutive des espèces animales. Une brève techno-évolution pourrait parfaitement bloquer l'évolution historique et culturelle (spécifique de l'humanité) sans la remplacer ni la relayer. Dans ce cas, la fécondité symbolique de l'homme disparaî-trait et du même coup s'évanouiraient les motivations et stimulations symboliques de la croissance technique. L'humanité techno-scientifiquement remodelée et entretenue pour son plus grand bonheur deviendrait ainsi une branche morte de l'évolution. De cette impasse, seul un accident (mutationnel mais pas pour autant génétique) pourrait la tirer, un accident qui gripperait le système de l'euphorie technicienne et relancerait l'évolution sous l'une ou l'autre forme.

La médiation du signe et de la technique est un phénomène complexe aux multiples aléas. *Dans quelle mesure cette médiation est-elle éclairée ?* La seule lumière possible vient de la conscience de notre ignorance et de notre impuissance : elle vient de la lucidité face aux conséquences du primat de l'opératoire sur le théorique et donc de l'expérience du voilement de toutes les gnoses du temps. Notre lucidité est proportionnelle à notre capacité de mesurer notre ignorance et notre impuissance. La lumière qui accompagne cette lucidité prend la forme de la *prudence* que nous avons évoquée ci-dessus. Toutes les autres lumières sont fausses et dangereuses, susceptibles de bloquer ou d'affoler la croissance technique sous l'influence de leurres symboliques divers, potentiellement catastrophiques.

6. D'UNE PHILOSOPHIE DE LA TECHNIQUE

La philosophie contemporaine est friande d'auto-réflexion critique. Comme celui qui est mal dans sa peau et souffre de problèmes d'identité et de légitimité, le philosophe n'en finit pas de s'inquiéter du statut de son discours, de creuser ses présupposés (et de critiquer ceux de toute entreprise qui n'en fera pas autant) en quête des indices de sa propre nécessité ou du moins de son bien-fondé. La philosophie n'a pas toujours douté vitalement d'elle-même et la cause de cette inquiétude est peut-être moins à chercher dans un gain de lucidité que dans le mal-être de la philosophie au milieu des pratiques constructivistes non régressives et insouciantes de leurs arrières discursifs qui caractérisent l'univers techno-scientifique.

Philosophe, nous ne pouvons pas ne pas sacrifier au questionnement régressif sans courir le risque de nous entendre reprocher que nous ne nous soucions pas de savoir à partir d'où nous parlons, reproche qui dans la plupart des bouches philosophiques sonne comme un glas, une disqualification sans appel frappant de nullité la totalité du contenu d'un discours qui serait à ce point « inconscient ». Toutefois, nous n'avons pas non plus voulu accorder à ce questionnement auto-réflexif et régressif relatif à nos « présupposés latents », à notre « horizon », au statut de notre discours, (etc.), l'importance traditionnelle en le situant en « Préface » ou « Postface », ou en y consacrant l'un ou l'autre chapitre initial ou final. Ce serait lui faire beaucoup trop d'honneur et succomber à un lieu commun facile et tentant qui est encore celui de la *secondarité*, c'est-à-dire celui du ressassement immanent de l'essence langagière de l'homme et de l'impuissance à prendre la parole à partir d'ailleurs que de la parole reçue. Car la secondarité énonce ceci : on parle toujours déjà sur fond de discours, de langage, de texte. On ne parle jamais qu'*herméneutiquement*, c'est-à-dire, en somme, *en marge du passé* (d'une tradition, d'une culture et d'une histoire héritées qu'il s'agirait de se réapproprier). *Le présupposé commun à la quête des présuppositions* (*qui est l'activité la plus caractéristique de la philosophie*) *est qu'on ne parle jamais qu'à partir d'un sens* (*horizon, fond…*) *donné, c'est-à-dire sur une toile symbolique et que c'est la texture parlante de cette toile que la philosophie a pour mission d'expliciter.* Le postulat fondamental de la philosophie est celui du sens ou du langage donné. Mais au lieu de *construire*

comme *jadis* sur la base de ce postulat, la philosophie
s'épuise à en dire *la forme*, à répéter métaphoriquement
et inlassablement que le postulat du discours est la
discursivité, le préalable de la voix le langage et qu'aussi
loin qu'on creuse, on déterre des signes, des symboles,
avec tout au fond, rêvé à l'origine, le Symbole, le Noyau
Dur et Éclatant du Sens, perdu mais destiné à resplendir
à la Fin. La philosophie contemporaine a assez dit cette
dérive herméneutique à l'abri de laquelle les philosophes
prennent – ou plutôt : accueillent, reçoivent – la parole.
Notre sentiment est que cette façon de faire de la *philosophie est devenue facilité, habitude, automatisme,
paresse et cécité*. En marge des textes de la tradition,
en marge des marges herméneutiques qui prolifèrent, il
est possible de parler à l'infini. Mais cette enfilade de
l'adlinguisticité n'est que le symptôme prolixe d'une
aphonie essentielle. Bouté hors de son essence, c'est-
à-dire hors de son ancienne et native immanence à la
Voix et à la Lumière, l'homme souffre d'une intarissable
nostalgie et la secondarité adlinguistique cherche à
préserver ou à récupérer quelques bribes de cet Âge d'Or
durant lequel l'Humanité aurait occupé pleinement son
essence symbolique.

Notre façon (qui sera qualifiée de brutale, de
dogmatique, d'inconsciente...) de prendre la parole
proteste contre cette mythologie philosophique et théologique du Sens préalable, du Dieu-Présupposé *qui est à
la fois présupposition de Dieu et présupposition divine* :
« Au début était le Verbe, et le Verbe était Dieu... ».
L'expérience première qui est l'incitation constante de
ce livre et de notre pensée s'inscrit absolument en faux
contre cette intuition du Dieu-Présupposé. Or, cette
expérience n'est que le reflet spéculatif brut de la techno-

science, du technocosme et de la technochronie. *Elle*
perçoit à l'origine non la Voix de Dieu venant placer
toutes choses et l'Homme dans la Lumière de l'Être mais
une activité muette et obscure, sans fond ni horizon.
Certes nous recevons la parole de l'essence parlante qui
est la nôtre en tant qu'homme mais nous percevons *en*
deçà de cette essence l'opérativité cosmique sans voix
ni lumière qui a placé l'homme dans l'alliance du signe
et du regard. L'univers techno-scientifique, s'il n'est pas
forclos ou dénaturé, nous contraint à cette perception qui
est la négation du postulat du Sens Préalable. En deçà
de l'Homme, l'Homme a reçu la parole d'un processus
qui est sans voix, sans lumière, sans amour, et peut-être
parle-t-il ultimement à destination de ce même processus.
Tout homme – et le philosophe aussi – parle à partir de et
peut-être pour *cela*.

À partir d'où parlez-vous ? Question banale, en
philosophie ; question absurde dont l'inanité se révèle
si on ne se contente pas d'apparences de réponses. Ce
n'est que lorsqu'on parle à partir de presque rien (une
tradition étroite, c'est-à-dire en fait quelques livres)
qu'on a l'impression d'être investi du bon droit de parler
et de prendre la parole sur fond de parole entendue : d'un
horizon de sens. L'univers technicien et sa technochronie
constructiviste axée sur un futur inanticipable et sans
passé sont *sans tradition.* Une philosophie de la technique, doit rendre justice à cette singularité qui l'oblige
à prendre la parole abruptement, hors tradition, hors
légitimité. *L'horizon du technocosme est le non-sens*
(l'im-monde, l'an-historique, l'opaque, le non-signe)
mais ce non-sens n'invite à aucune glose ; il n'est pas
du sens latent ou implicite, il n'est pas en attente d'une
rédemption herméneutique. Les signes glissent à sa

surface et le regard s'y brise. Ce qui nous incite à parler n'est pas le sens, c'est son autre. Il est vrai que nous nous saisissons pour ce faire de bribes innombrables de sens (héritage historique et culturel), de symboles morcelés épars, hétéroclites, qui nous viennent du passé. Mais nous ne nous en saisissons que pour prendre la mesure répétée de leur impuissance à effracter cela même qui met la culture en lambeaux et se l'intègre peu à peu de façon fonctionnelle et efficace, en la dénaturant. La philosophie de la technique n'est pas philosophie des sciences. Celle-ci continue généralement d'assimiler la science à un projet fondamentalement logothéorique qu'elle assiste ou critique, le plus souvent dans une position d'un bout à l'autre métalinguistique. Mais la philosophie de la technique qui prend effectivement la technique comme objet peut, elle aussi, prolonger le projet logothéorique. C'est ce qui se passe le plus souvent chez tous les philosophes pressés de remettre la technique à sa place anthropologique. Dans tous ces cas, l'opératoire-technique reste subordonné au théorique et au logos.

Une philosophie de la technique proprement dite part de la reconnaissance du primat opératoire-technique. C'est le postulat qui se trouve au cœur de l'expérience que nous avons essayé de déployer sans concession. Une philosophie de la technique intégrale court le double risque de n'être qu'une idéologie inconsciente au service de la technique ou de succomber à la tentation de sa propre disqualification par l'aveu de son usage exclusivement manipulateur, – rhétorique-idéologique, précisément – des signes. Dans ce second cas, la philosophie de la technique placerait la spéculation au service de l'opératoire et elle saurait qu'elle le fait, estimant qu'il n'y a plus rien d'autre à faire. Une telle philosophie serait une fiction logothéorique et axiologique faisant le jeu de son autre.

Notre essai constitue bien une tentative de *techno-logie intégrale*. Bien comprise, celle-ci ne devient pas fatalement idéologique. La pensée de la Transcendance noire n'est pas, en soi, idéologique car elle n'offre ni image ni valeur. Elle fait signe en direction de cette opacité immédiate et absolue qui surgit en travers de la voix et du regard lorsqu'on s'efforce de penser sérieusement le primat de l'opératoire-technique. Soutenir jusqu'au bout la pensée de ce primat comporte l'aveu de la nature opératoire du discours lui-même et de tout symbole. Mais cet aveu n'est pas idéologique ; il reconnaît seulement l'opacité essentielle, la non-lumière, la non-loquacité des signes. Aucune idéologie ne peut s'alimenter à cette absence totale de lumière et de voix sans la trahir et en raréfier l'obscurité.

Seulement là où la tension de la pensée de la Transcendance noire se relâche, une place s'ouvre où loger une idéologie philosophique susceptible de lancer effectivement l'humanité dans la nuit de sa propre mutation technique. Comme idéologie radicale, la philosophie de la technique opérerait une manipulation symbolique telle que le lecteur soit conduit à désinvestir la culture (le symbolique) au profit d'un investissement de cela même qui conteste fondamentalement le symbo-lique : la croissance technique pure. Rester fidèle à la pensée de l'opératoire absolu revient à *ne pas perdre de vue qu'elle n'apporte aucune lumière, aucun message et ne comporte aucune invitation* : elle est avant tout le signe de la totale déréliction de notre espèce symbolique. La conscience de l'impuissance et de l'ignorance définitives qui accompagnent cette déréliction sont la source de la *prudence cosmique* – tout le contraire de la précipitation dans l'abîme technochronique du futur – qu'alimente, par ailleurs, le sens éthique de l'attachement à l'homme.

Cet attachement à l'humain n'est pas du tout une incohérence de notre pensée de la technique. Il est tout le contraire dans la mesure très précise où *une philosophie de la technique demeure une entreprise symbolique qui ne s'épuise pas dans la fonction idéologique d'une spéculativité au service du règne technique*. *Logos*, la techno-logie philosophique reste, nécessairement, fidèle à l'essence de l'homme et elle n'a pas à en avoir honte. Mais cette fidélité symbolique du philosophe de la technique à l'égard de l'humanité serait creuse et insignifiante si elle puisait simplement à un souci formel de cohérence. Or, si cette cohérence formelle (le philosophe étant homme de parole reste logiquement attaché à l'essence parlante de l'homme) constitue bien, pour le philosophe, la *seule raison (fondement) conceptuelle* de son inévitable parti pris « humaniste », il y a cependant une autre source – non symbolique, et donc non conceptuelle, non raisonnée – de l'attachement à l'humain. Cette source n'est pas purement formelle ; elle est au contraire dense et vivante : *l'amour*. Celui-ci est, à sa manière, opérant, aussi effectif et agissant que la technique. *Lui seul peut remplir la forme vide de l'attachement symbolique à l'homme qu'atteste toute philosophie comme telle*, c'est-à-dire comme œuvre de langage, comme œuvre de celui dont la vocation bien comprise est d'être « l'homme le plus humain ». C'est, en dernière analyse, l'expérience de l'affectivité (qui n'est ni de l'ordre du symbole – ou en tout cas ne s'y réduit pas – ni du règne technique) qui nous retient positivement sur la pente de l'idéologisation technicienne. L'amour, et par voie de conséquence non logique : l'éthique, est la seule source d'une certaine lumière, très particulière mais très humaine (la plus humaine peut-être), lorsque les phares du symbole et du discours se sont éteints.

Au fond de la pensée de la Transcendance noire, au terme d'une technologie accomplie, le philosophe rencontre non (ou du moins pas seulement) le « mal absolu » du règne an-éthique de la technique mais la source vive de la seule force capable d'inspirer l'ordre symbolique dans le sens d'une résistance à l'emportement technicien.

7. LE SIGNE, LA TECHNIQUE ET LE POLITIQUE

Dans le contentieux technique-politique, les « parties » en présence adoptent des attitudes extrêmes qui sont des *simplifications réductionnistes* du problème des rapports entre le technique et le politique. Pour les uns, tout est question de politique – et donc d'idéologie. La technique ne jouirait d'aucune autonomie puisqu'elle n'est qu'un ensemble neutre et disponible de moyens. La forme, l'orientation, le type de croissance de la technosphère dépendraient intégralement de l'idéologie au pouvoir, ils ne seraient rien qu'épiphénomènes des forces, des décisions et des enjeux politiques. Selon cette perspective, la thèse qui accorde une importance spécifique et un rôle prépondérant à la technique procède d'une attitude idéologique visant à occulter le réel – qui est (socio-) politique – et entretenant la passivité ou l'indifférence politiques au profit du maintien de la classe dominante, c'est-à-dire de celle qui monopolise le pouvoir technique et l'utilise dans son intérêt. La technique ne soulèverait donc aucun problème *sui generis*. Elle susciterait seulement des questions d'ordre politique, encore et toujours. « La technologie en est arrivé à avoir, dans nos sociétés, une fonction idéologique diffuse et en réalité pernicieuse [...] qui obscurcit – comme toute idéologie – la nature effectivement et manifestement politique et économique des problèmes posés par la technologie dans notre société » – « (La technologie) est plutôt dans une mesure considérable une créature des intérêts de la classe dominante »[1].

L'attitude inverse, quoique moins répandue – l'idéologie régnante étant celle du « Tout est politique » – est exemplairement illustrée par J. Ellul dans *La Technique ou l'enjeu du siècle* : « La technique est autonome : [...] elle l'est d'abord à l'égard de l'économie ou de la politique » – « La technique conditionne et provoque les changements sociaux, politiques, économiques. Elle est le moteur de tout le reste, malgré les apparences [...] »[2].

J.K. Galbraith : « Ce sont les impératifs de la technologie et de l'organisation, non les images de l'idéologie, qui déterminent la forme de la société économique »[3].

Une conséquence de ce réductionnisme est la croyance dans une sorte de nécessité ou de fatalité de la forme d'organisation politique sécrétée par le règne technique. Ainsi pour J. Ellul, le système technicien engendre nécessairement une société totalitaire. « Plus le progrès technique se développe, plus le jeu du libéralisme se restreint » – « Enfin, la technique conduit l'État à se faire

---

1. K. Nielsen, « Technology as Ideology », *in* P. T. Durbin (ed.), *Research in Philosphy and Technology*, vol. I, p. 132, 145.

2. J. Ellul, *La Technique ou l'enjeu du siècle, op. cit.*, p. 121, 124.

3. Cité par B. Gille, *Histoire des techniques, op. cit.*, p. 1409.

totalitaire [...]. Ainsi même lorsque l'État est résolument libéral et démocratique, il ne peut faire autrement que devenir totalitaire »[1].

Les analyses de J. Ellul ne manquent jamais d'intérêt ni de sérieux et il n'est nul doute que des aspects non marginaux du règne technique vont dans le sens d'un devenir totalitaire de la société. Toutefois, estimer que ce destin est nécessaire et qu'il n'y a aucune dialectique entre l'ordre symbolique et le règne technique susceptible d'influencer celui-ci est une simplification du problème qui nous reconduit d'ailleurs à un déterminisme de l'histoire négateur de l'*opacité et de l'ouverture du futur* qui nous sont apparus comme un aspect tout à fait capital de l'appréhension du temps dans l'univers technicien. Il est d'ailleurs aisé d'objecter que les démocraties libérales offrent manifestement (jusqu'à preuve du contraire) le terrain le plus favorable à la croissance techno-scientifique. Ou de faire valoir, comme le fait F. de Closets à propos du futur informatique, que « le fait significatif, c'est le passage de la démocratie à la dictature et non le développement de l'informatique. Videla et Pinochet ne se servent pas plus de l'ordinateur que ne l'utilisaient Tamerlan ou Franco. La dictature est un phénomène politique qui atteint le comble de l'horreur sans nécessiter des moyens électroniques »[2]. De son côté, A. Toffler présente une argumentation (dont il est difficile cependant de ne pas percevoir le caractère utopique ; mais l'utopie est une puissance symbolique effective avec laquelle il faut justement compter) selon laquelle le développement de l'informatique et de la télématique remplit peu à peu la

---

1. J. Ellul, *La Technique ou l'enjeu du siècle, op. cit.*, p. 185, 257.
2. F. de Closets, *Scénarios du futur, op. cit.*, p. 192.

condition de possibilité de l'institution d'une authentique démocratie directe[1].

La tentation réductionniste a pour cause un défaut de lucidité à l'égard de l'irréductible altérité qui distingue l'ordre du signe et l'ordre de la technique. C'est seulement sur la base préalable de la reconnaissance claire et sans compromis de la différence entre technique et symbole qu'une approche sérieuse de leur interaction devient possible. La conscience commune de l'intelligentsia occidentale baigne dans le symbole, la culture et l'histoire au point d'y assimiler inconsciemment, d'ignorer ou de mépriser comme marginal tout ce qui menace de ne pas y rentrer de prime abord. Contre cet impérialisme du signe historico-culturel, ceux qui perçoivent la spécificité irréductible de la technique sont tentés d'opérer une réaction excessive qui aboutit à refuser toute autonomie et tout pouvoir effectif à l'ordre symbolique. Ils introduisent ainsi une contradiction entre ce qu'ils disent et ce qu'ils font puisque tout en continuant à enfiler des signes, ils affirment la vanité de cette fonction symbolique secrètement gouvernée et détournée par son autre.

Une appréhension correcte du *politique* ne nous paraît possible que sur fond d'une conception claire de la différence entre le signe et la technique et de la possibilité de leur interaction.

J.J. Salomon a parfaitement cerné l'espèce de fatalité qui gouverne la rencontre de la politique et de la science-technique conçue exclusivement dans la perspective de la maîtrise et de la puissance.

> « Les relations qui se sont nouées entre la science et le pouvoir dans la mi-temps de ce siècle étaient

1. A. Töffler, *La Troisième Vague, op. cit.*, p. 526-527.

inscrites dès le départ dans la nature même de la science moderne » – « En concevant la nature sous l'horizon de l'instrumentalité, la science se condamnait à n'être qu'un instrument » – « La science se réalise comme technique parmi d'autres, elle est manipulation des forces naturelles sous l'horizon des décisions politiques »[1].

La techno-science ne serait ainsi qu'un instrument au service du pouvoir politique : soit un moyen indirect de puissance (rôle des mass media qui véhiculent les signes du pouvoir) soit un moyen direct (les ressources de la technique au service de la contrainte des individus et des collectivités. Serait directe en ce sens, par ex., la manipulation neurochimique).

Le point de vue *techno-cratique* est anthropologique. Il tend à marginaliser la spécificité de la technique au profit du politique. Il s'inspire d'une philosophie tronquée de la technique qui, docile au sens commun, continue de penser la technique comme un outil au service des désirs et des besoins humains sans en percevoir les dimensions technocosmique et technochronique ni la portée de manipulation ontologique. Ignorant ces aspects majeurs de la technique contemporaine, une politique – même une politique d'allure « humaniste », soucieuse du « bien de l'homme et de la société » – est capable de mener l'humanité hors d'elle-même.

Le politique est *l'homme du pouvoir*. Dans la mesure où la technique est l'instrument du pouvoir, le politique est *l'homme de la technique*. Étant l'homme de la technique, il est indispensable qu'il acquière une vue correcte d'un instrument qui déborde son instrumentalité et sa finalité (le service de l'homme ou de quelques hommes). Mais

1. J.J. Salomon, *Science et Politique, op. cit.*, p. 19, 20 et 26.

le politique est aussi *l'homme du signe*, à la fois grand écouteur et grand manipulateur de l'ordre symbolique qui le porte au pouvoir, l'y maintient ou l'en destitue. *Le politique est à l'articulation du signe et de la technique.* Naguère et en partie encore aujourd'hui, *cette articulation du symbolique et de l'opératoire se réalisait dans l'usage instrumental du discours lui-même* caractéristique du politique; le rapport rhétorique ou idéologique que le politique entretient, consciemment ou non aux signes, opérait spontanément la *synthèse technologique* indispensable à la conquête et à l'exercice du pouvoir lorsque celui-ci n'est plus exclusivement au bout de la force physique et lorsqu'il jouit d'une certaine mobilité. Le développement extraordinaire des techniques et la reconnaissance de leur spécificité par rapport à l'ordre symbolique tendent à *dissocier cette synthèse technologique* – caractéristique de la démocratie dans la mesure où le pouvoir s'y conquiert et s'y conserve avant tout par l'exercice du verbe – offrant la possibilité d'asseoir et de perpétuer le pouvoir sur la base seule de la plus grande puissance technique sans se soucier autrement d'une assise symbolique (culturelle-historique) de ce pouvoir. Cette dissociation du technique et du symbolique accompagnée d'une subordination, voire d'une complète marginalisation de ce dernier, constitue *l'essence du danger techno-cratique*. Elle rend possible l'éventualité d'un gouvernement de techno-crates (entendez d'une minorité monopolisant les commandes du technocosme) entièrement coupé du champ symbolique, de la culture et de l'histoire dans lesquels continuerait à vivre la majorité des gouvernés. *La technique devient de plus en plus la condition nécessaire et suffisante du gouvernement des hommes de sorte qu'il existe une tendance à la désuétude des idéologies* (religion, morale, doctrine politique, philosophie…). La dissociation inscrit la société dans une *coupure schizophrénique* dont le caractère extrême n'exclut pas, au contraire, l'éventualité d'un *renversement* : le retour en force d'une marée idéologique détruisant l'armature technocosmique de l'humanité. Des signes de la possibilité et de la tentation d'un tel retournement sont lisibles à travers le monde, du phénomène des sectes au regain des grandes religions en passant par les mouvements de contestation et de décrochage de la société technicienne.

Dans cette situation et dans cette conjoncture, la fonction du politique, son rôle éminent apparaissent clairement. Le politique ne peut être l'exploiteur ni le jouet de la schizophrénie techno-logique de l'humanité. Idéalement, il a une *mission de réintégration*. A l'intersection de la technique et du signe, le politique a pour fonction d'en permettre *l'articulation dialectique*, en évitant que l'un des termes ne prenne exagérément le pas sur l'autre, allant jusqu'à sa suppression. Parmi les hommes, c'est le *politique* qui dispose d'un certain pouvoir d'inflexion sur le règne technique et sur l'ordre symbolique. Authentiquement à la croisée du symbolique et du technique, il devrait être une sorte de médiateur inspiré par la prudence, soucieux d'éviter les écueils : détechnicisation et retour à la nature catastrophiques, soumission à une idéologie totalitaire et donc à un ordre symbolique tout puissant et sclérosant, débordement par la croissance an-éthique et a-culturelle de la technique…

La conscience que tel est bien le rôle noble de la politique s'est précisée ces dernières années. Elle s'est, par exemple, affirmée aux « États Généraux de la science »[1] : « Il ne faut pas que le technologique reste en marge du

1. *Le Monde* du 15 janvier 1982.

culturel, ou qu'il l'annihile » – dont la préoccupation était de définir les grandes lignes d'une politique de la science. Le même idéal d'une intégration harmonieuse de la techno-science et de la culture mobilise depuis peu des groupes S.T.S. (science-technique-société). Peut-être est-ce l'expression de « Nouvelle Alliance » qui connote le mieux ce que cet idéal comporte d'utopique et d'édulcorant en même temps que de séduisant[1]. D'une façon générale, ce « nouvel humanisme » reste foncièrement anthropologiste et prône en définitive une subordination de la technique à la culture (c'est-à-dire *de facto* à une idéologie et à une idéologie du type « la technique au service du bien de l'humanité » dont nous avons signalé les pièges) : « Faire le point pour mettre la science au service de l'homme » – « Une politique capable de créer l'ultime insertion de la recherche et de la technologie dans notre société, dans sa culture, dans ses choix » (c'est Mitterrand qui parle)[2].

La vue formellement juste de la fonction du politique à l'articulation du signe et de la technique s'accompagne trop souvent d'un total défaut d'analyse et même d'une carence de perception de la spécificité de ce qu'on nomme la science, parfois la science-technique, contemporaine. Négligeant le primat de la technique, ignorant le concept de techno-science et continuant de penser la science contemporaine comme un projet fondamentalement logo-théorique, cette vue ne reconnaît pas les difficultés essentielles de l'entreprise et est tentée de ramener tous les problèmes à des questions de « bonne information »

---

1. *Cf.* I. Prigogine et I. Stengers, *La Nouvelle Alliance*, Paris, Gallimard, 1979.
2. *Le Monde* du 15 janvier 1982.

réciproque entre le corps social, les savants-techniciens et les décideurs[1]. Toute une méthodologie de la « bonne information mutuelle » a d'ailleurs été mise au point sous le nom de « Technology Assessment ».

L'articulation politique du signe et de la technique devrait se réaliser dans la conscience de l'abîme qui sépare le règne technique et l'ordre symbolique, de leur spécificité respective, de la nature an-anthropologique et spécialement an-éthique de la technique, de l'expérience du futur propre à l'univers technicien. Sur fond d'une perception lucide – philosophiquement informée – de l'altérité du technique, le politique pourrait dès lors s'inspirer des consignes de *prudence* dont la portée dépasse de loin le pragmatisme simpliste voire l'opportunisme qui animent généralement la gestion politique peu éclairée de l'articulation des deux ordres et qui font, en dernière analyse, le jeu aveugle de la croissance technicienne.

La démocratie à l'Occidentale est la moins mauvaise formule politique pour assurer *de facto* l'articulation culture-technique, dans la mesure où l'on croit utopique (et qu'il serait certainement très dangereux) de confier le pouvoir sans contrôle à une oligarchie d'hommes de science et de culture éclairés.

L'avantage de la démocratie est qu'elle tend spontanément à occuper une sorte de position moyenne dans la mesure où ce qui se réalise démocratiquement est la fonction d'un grand nombre de tendances diverses et aussi antagonistes, et qu'elle postule une dialectique entre des individus (les délégués, représentants, responsables, décideurs élus) et des masses ou des groupes. Le danger

---

1. *Cf.* à titre d'exemple, le Rapport S.T.S., « Le malentendu science, technologie, société » de la Fondation Roi Baudouin (Bruxelles), 1983.

d'une folie idéologique techniciste ou anti-techniciste, est ainsi sérieusement contenu.

La démocratie présente un double avantage qui est en même temps une double faiblesse. Les deux avantages sont : d'abord la garantie de la *liberté* qui est tout à fait essentielle pour le développement de la techno-science, la croissance du technocosme et la possibilité de changements; ensuite, la force *d'inertie* de la loi du plus grand nombre et de la nécessaire consultation de ce plus grand nombre. Les dangers en découlent immédiatement : la liberté ménage la possibilité pour qu'un groupe d'individus dénués de tout scrupule démocratique et de tout sens du pluralisme prennent (plus ou moins) démocratiquement le pouvoir et liquident la démocratie au profit d'un totalitarisme, éventuellement technocratique. La consultation démocratique et la loi de la majorité (en particulier l'idée du referendum systématique dont l'esprit est parfaitement conforme à l'idéal démocratique) comportent le danger permanent d'induire des décisions capitales sur la base de réactions majoritaires à des informations fausses, très insuffisantes, mal assimilées (le problème de la consultation informée est probablement insoluble et il faut craindre que celle-ci ne soit jamais qu'une comédie et une mystification – dont consultants et consultés sont les dupes – dès qu'il s'agit de choix techno-scientifiques un peu complexes), sur la base de considérations à très court terme et impressionnistes d'inspiration utilitariste, hédonistique, pragmatique, sur la base de réaction d'humeur égoïste ou d'indifférence, ou encore de croyances philosophiques et religieuses diffuses, sur celle enfin d'un conservatisme foncier très largement répandu en même temps qu'une pusillanimité et une paresse à l'égard du neuf et du mal connu.

L'exemple du problème de l'installation de centrales
nucléaires constitue ici un modèle des difficultés liées à la
consultation démocratique et informée sur des questions
techno-scientifiques [1]. Le contrôle public, démocratique
du développement techno-scientifique est beaucoup
trop hâtivement présenté comme une panacée alors
qu'il offre souvent la seule séduction d'un refuge pour
l'irresponsabilité (l'incompétence et l'inconscience) des
politiques (et des savants-techniciens auteurs de projets
ou appelés comme experts). La seule issue serait dans une
remoralisation de la fonction politique mais celle-ci ne
peut être programmée techniquement ni politiquement ;
elle peut tout au plus faire l'objet d'un vœu ou d'un espoir.

8. L'OCCIDENT TECHNICIEN
ET LE « DIALOGUE DES CULTURES »

La technique (en tout cas, la techno-science et le
règne technicien qu'elle engendre) est *occidentale*. La
spécificité irréductible de l'Occident réside non dans
le contenu de sa culture (quelle qu'en soit l'originalité)
mais dans cette *différence par rapport à toute culture*
qui a crû en lui sous la forme du règne technique et
qui le recouvre désormais. Cette croissance ne s'est
pas opérée sans à-coups, hiatus, impasses, périodes de
stagnation, ruptures et mutations. Le véritable démarrage
ne s'est produit que depuis deux ou trois siècles. Si l'on
suit les analyses de B. Gille, la technique occidentale
a été beaucoup plus longuement *bloquée* qu'elle ne
fut dynamique. Bloqué, le système technique grec l'a
été et ce blocage originel s'est perpétué sous Rome et

---

1. *Cf.*, par exemple, sur les composantes psycho-idéologiques du
contentieux nucléaire, B. Gille, *Histoire des techniques*, *op. cit.*, p. 959.

sous Byzance qui ont vécu sur le même, foncièrement immuable, système technique, de sorte qu'il faut attendre la Renaissance pour qu'une dynamique évolutive s'empare de la technique et lui permette de s'épanouir et de croître à travers une succession de mutations dont le technocosme actuel est le produit. Sur les causes du blocage du système gréco-romain de nombreuses hypothèses ont été émises, parfois contradictoires[1]; elles se regroupent autour de deux pôles : a) les *causes internes* qui sont liées à des insuffisances proprement techniques; les possibilités de développement d'un système technique sont en effet limitées en fonction du type d'outils, de machine, d'énergie et de matériaux sur lequel ce système est basé; b) les *causes externes*, c'est-à-dire symboliques, culturelles, idéologiques (mépris du travail manuel, du pratique et du matériel, valorisation de la spéculation pure, croyances religieuses, orientation éthique, etc.).

La distinction entre ces deux groupes de causes n'éclaire pas seulement le blocage du système grec; elle est opérationnelle pour l'analyse de tout blocage d'un système technique. De plus, il semble que les polémiques au sujet de « l'origine » de tel blocage procèdent d'une volonté abusive car réductionniste qui consiste à prétendre tout expliquer par une seule espèce de causalité, ignorant que des phénomènes aussi étendus et complexes que le progrès ou la stagnation techniques sont nécessairement l'effet de la convergence de facteurs multiples et hétérogènes. La distinction, qui n'implique pas d'exclusive réciproque, entre les deux groupes de causes de blocage, nous paraît un outil méthodologique

---

1. B. Gille, *Histoire des techniques, op. cit.*, p. 362 *sq.*

d'analyse capital qui n'a pas toujours été clairement défini même s'il est implicitement à l'œuvre chez plusieurs auteurs qui, *de facto*, font intervenir des arguments relevant tantôt du premier tantôt du second groupe. Ainsi B. Gille repère-t-il par exemple la rareté du bois et de l'eau en même temps que le peu de commodités offertes par ce matériau et cette source d'énergie pour le développement d'une technique machinique dans la Grèce ancienne[1]. Par ailleurs, il note que les balbutiements d'une véritable technologie apparaissent dans le prolongement de la pensée sophistique (ce qui illustre la causalité idéologique du dynamisme et confirme en même temps la liaison profonde entre le développement technique et un certain rapport – technologique – au langage). Plus loin, il fait du néo-confucianisme une cause majeure de la stagnation techno-scientifique en Chine, et de l'apparition d'une économie capitaliste (avec son idéologie) une source essentielle du démarrage technique occidental[2]. Il note encore que d'une façon générale l'absence de parallélisme entre l'évolution d'une société et celle des techniques est un facteur important de blocage[3]. Ce que J. Ellul exprime plus nettement en songeant à l'époque contemporaine : « Ce qui empêche la technique de mieux fonctionner, c'est tout le stock d'idéologies, de sentiments, de principes, de croyances, etc. que l'homme porte en lui et qui dérivent de sa situation traditionnelle »[4]. Car la problématique du blocage s'applique bien entendu aujourd'hui. C'est en fonction d'une nécessité mutationnelle de dépassement d'un blocage par saturation et engorgement des possibilités

---

1. B. Gille, *Histoire des techniques*, *op. cit.*, p. 370 *sq.*
2. *Ibid.*, p. 466 *sq.*
3. *Ibid.*, p. 1251.
4. « Recherche pour une éthique dans une société technicienne ».

de mise en relation, de communication et de stockage de données et d'informations du système sur soi jusque dans ses composantes sous-systémiques (problème du feed back, de l'intégration, de la résolution des tensions et des dysfonctionnements) que J. Ellul (ainsi que d'autres) analyse la révolution informatique. Celle-ci relèverait donc d'abord d'une nécessité *interne* d'évolution du système technicien et rencontrerait des résistances dues à l'inertie du passé technique et idéologique. Il y a menace actuelle de blocage « parce que ce qui se fait, en quantité ou complexité, en vitesse, n'est plus à la dimension de l'homme. Aucune organisation ne peut plus fonctionner de façon satisfaisante. Le phénomène ordinateur apparaît exactement à ce point de blocage » [1]. À propos de l'inertie et donc des menaces de blocage d'origine externe, symbolique : « Il est matériellement impossible que des structures sociales, juridiques, politiques, se modifient plusieurs fois en quelques décennies pour fournir chaque fois le contexte favorable aux nouvelles exigences techniques » [2].

Le groupe des causes externes du blocage ou de la dynamisation du système technique constitue un excellent exemple de la dialectique du signe et de la technique, en l'occurrence de l'influence décisive que l'ordre symbolique peut avoir sur la croissance du règne technique.

---

1. J. Ellul, *Le Système technicien, op. cit.*, p. 115. *Cf.* « Contre le déluge de l'information scientifique, il n'y a que l'ordinateur », *Science et Vie*, novembre 1974.
2. J. Ellul, *Le Système technicien, op. cit.*, p. 325.

Une autre illustration, plus complexe, de cette dialectique est fournie par la problématique du « dialogue des cultures ».

Comme suite de la prise de conscience, dans le monde occidental et hors celui-ci, de la spécificité de l'Occident ainsi que de sa vocation planétaire, l'alarme a été donnée à propos du danger de destruction et d'oubli irréparables de quatre-vingts pour cent du trésor culturel, symbolique de l'humanité. En même temps, l'objectif a été proclamé d'un enrichissement mutuel des diverses cultures dans le respect de la particularité de chacune, l'Occident ayant beaucoup à apprendre des altérités culturelles qui l'environnent et qu'il a trop tendance à ignorer ou à mépriser pour s'y substituer. Ce dialogue des cultures serait par ailleurs guidé par l'idée de l'intégration progressive d'une culture planétaire résultante infiniment enrichie de la diversité symbolique de l'humanité. Cette culture planétaire ne coïnciderait pas avec une universalisation simple de l'occidentalité.

Il n'est guère douteux que cette belle utopie se heurte à d'énormes problèmes de réalisation : le dialogue authentique dans lequel les interlocuteurs s'engagent en mettant en jeu leur spécificité, dans le respect de chacun et qui, s'il réussit, aboutit à un rapprochement qui ne laisse ni l'un ni l'autre pareil à ce qu'il était au départ, est très difficile, même entre deux *individus*. Que dire dans ce cas du « dialogue des cultures » (dans la mesure où cette expression a bien un sens) ? Cependant, ce n'est pas ici la problématique générale du dialogue des civilisations qui nous requiert mais *la rencontre très spéciale d'une culture non occidentale avec l'Occident*. Le règne technique forme la spécificité de l'Occident.

Cette spécificité *ne s'inscrit pas dans le champ de la simple altérité symbolique*. Ce qui sépare l'Occident des autres civilisations n'est pas seulement un ensemble de différences historico-culturelles. Ce qui le distingue et qui du même coup le sépare de sa propre culture est la technique, c'est-à-dire l'autre du symbolique, l'autre de toute culture et de toute historicité. *En rencontrant l'Occident technicien, une civilisation n'affronte pas seulement une autre culture mais encore l'autre de toute culture, autre chose que la culture.* Dialoguer est un processus symbolique, langagier. La technique, n'étant pas de l'ordre du symbole, ne peut incarner l'interlocuteur d'un dialogue. On ne dialogue pas avec la technique. L'influence réciproque entre le symbolique et le technique, que nous avons évoquée précédemment, n'est pas de nature dialogique (ni dialectique si celle-ci est plus qu'une action réciproque, si elle engendre des synthèses et explicite des horizons de sens communs). La technique suit ses impératifs de croissance propres et si la culture, au sein de laquelle elle est née, échoue à l'inscrire symboliquement en soi, on voit mal comment des cultures étrangères à l'Occident réussiraient une intégration symbolique de la technique qui ne soit pas une illusion fatale pour ces cultures. La notion importante de « transfert de technologies » est ainsi placée dans une lumière nouvelle. Idéalement, la réussite d'un transfert implique que le sous-système technologique transporté se trouve intégré au milieu naturel-culturel récepteur, compte tenu des besoins, des valeurs, des coutumes et traditions de l'hôte symbolique qui reçoit la technique. Sur la base de ce que nous savons du règne technique, il faut craindre que cet idéal ne soit en fait une chimère, et la façon dont se réalise *de facto* la technicisation du monde n'apporte, malheureusement, à cet égard que trop de confirmations. La nature a-symbolique, an-historique, a-culturelle et an-éthique du règne technique fait qu'il s'accommode en principe de n'importe quelle culture (ce qui ne veut pas dire que telle ou telle culture n'offrira pas un terrain plus propice à l'implantation technique, et que certaines n'y seront foncièrement hostiles). L'important pour lui c'est de croître, de se développer dans tous les sens, non de s'insérer, de s'intégrer. Ou bien il plie son autre culturel à son service (directement ou obliquement) ou bien il tend à l'évincer, à le détruire pour s'y substituer purement et simplement (non sans colporter bien entendu, d'innombrables bribes et morceaux de culture occidentale). La dimension systémique de la technique joue dans cette expansion mortifère un rôle déterminant. Le transfert dans le tiers-monde d'un quelconque « outil » technologique tant soit peu sophistiqué (téléphone, télévision, automobile, centrale nucléaire, etc.) entraîne nécessairement le développement de tout le système qui supporte cet « outil » et qui le transforme peu à peu en un nouveau milieu révélant ainsi sa nature non instrumentale : il n'était pas un simple « outil » dont une autre civilisation pourrait innocemment se servir. Mais une sorte de virus cancérigène mettant en route une prolifération mutationnelle bouleversant complètement le milieu naturel-culturel d'accueil. La croissance aveugle de la technique, indifférente à l'ordre culturel, sa nature systémique font que le transfert d'un sous-système quelconque tend à entraîner – puisque « tout se tient » –, à moyen terme, la reproduction du système total au détriment fatal des particularités du milieu d'accueil. Le processus qu'on appelle souvent l'« occidentalisation de la planète » et qui est en fait la « technicisation », l'extension du « technocosme », ne serait donc pas un accident, une erreur « politique » réparable mais l'expression d'une nécessité directement issue de l'essence même de la technique et des principes de la techno-évolution qui rappellent ceux de la « bio-évolution » : le règne supérieur croît sur le règne inférieur et s'en nourrit, l'espèce la plus performante évince les autres dans la lutte pour la vie…

Cette réalité n'implique pas que l'intérêt considérable que l'Occident a manifesté et manifeste encore pour les cultures étrangères soit l'effet d'une duplicité secrètement dictée par la technique universellement hétérophage et progressant le mieux sous le masque humaniste de l'intérêt « ethnologiste » ou du prosélytisme des grandes valeurs occidentales (tolérance, liberté, égalité, démocratie, etc. dont nous avons vu brièvement combien elles sont aussi propices au développement de la techno-science). Non. Il y a indubitablement en Occident comme *un appel symbolique profond*. L'appel d'une civilisation qui sent que l'espace historico-culturel qui la constitue est vitalement menacé et qu'il échoue à inscrire encore en lui la force qui le met en péril. L'intérêt de l'Occident pour les autres cultures, l'idée du grand dialogue des cultures ne sont pas l'expression exclusive d'un impérialisme retors. Ils sont l'effet d'un authentique désarroi symbolique, comme l'appel au secours aux autres cultures, – à l'Humanité – d'une culture – l'occidentale – à laquelle l'Humanité est tentée de s'identifier sans concevoir qu'à travers cette culture elle tend à s'absorber dans l'autre de toute culture et de toute histoire. Le sens de l'appel exoculturel de l'Occident est celui d'une *demande de nouveaux espaces symboliques capables de réenraciner l'homme dans le monde et dans le temps par les signes.*

S'il y a ici un espoir fondé ou une illusion, seul l'avenir pourra l'apprendre. Mais le dilemme est-il inévitable ? Ou bien la croissance technique primera et le « trésor symbolique de l'humanité » se retrouvera, au mieux, à moyen terme, stocké dans les mémoires d'ordinateurs centraux, comme « le plus grand musée du passé » du futur ; ou bien un regain symbolique stoppera voire balayera selon des modalités imprévisibles mais presque sûrement catastrophiques la croissance technocosmique ?

9. Un humanisme sans illusion

La libre croissance du règne technique et l'engendrement techno-poétique du futur sont une chose extraordinairement fascinante ; mais l'homme est un être tout aussi extraordinairement attachant. La philosophie de la technique est une pensée déchirée, irréparablement. Le futur apparaît entre éthique et technique, mais *l'invention éthico-technique de ce futur* est sans règle pour nous guider. L'*humanisme* n'est pas fatalement anthropologiste. On peut choisir de préserver un être sans pour autant tout y ramener. Cet humanisme doit suivre une *voie moyenne* ; il est l'exercice actif de la *prudence* dans la lucidité de notre insurmontable ignorance.

La *source vive* de cet humanisme est l'attachement vécu à l'humain, la conscience de l'unicité de l'être humain en tant qu'origine de toute valeur, la conscience enfin de sa précarité : l'homme n'est la conséquence d'aucune nécessité transcendante : il peut être anéanti ou essentiellement transformé. Sa périssabilité et sa plasticité réclament vigilance et protection.

Les conditions de l'exercice lucide (sans illusions) de cet humanisme sont a) la conscience de l'opacité et de l'ouverture radicales du temps ; b) la conscience de la spécificité an-éthique et non symbolique (généralement an-anthropologique) de la techno-science, du techno-cosme et de la technochronie ; c) la lucidité à l'égard de tous les pièges idéologiques de la voie moyenne orientée vers la réalisation du « bien de l'humanité » et l'exigence d'y substituer le critère de préservation de la sensibilité éthique ; d) l'attention au fait que la richesse et le dynamisme sont dans l'évitement des excès et dans le maintien tensionnel des deux pôles : celui de la conservation pure et simple qui saborde la croissance technocosmique pour ramener en arrière de toute techno-évolution vers les symboles du passé, et celui de la précipitation dans l'abîme du futur et hors de l'éthique, précipitation exclusivement docile à l'impératif technicien ; e) la reconnaissance que le faible pouvoir d'infléchissement de la croissance technique dont nous disposons grâce à la médiation des signes *n'est pas rien*, même si aucune lumière autre que notre sensibilité ne l'inspire.

POSTFACE DE 2017

Redécouvrir un ouvrage plus de trente ans après l'avoir écrit ne va pas sans surprises.

J'avais la conviction de ne pas avoir changé en profondeur. Au fil de ma relecture, cette conviction s'est nuancée. Je ne l'ai pas abandonnée en ce sens que les mêmes interrogations me hantent encore aujourd'hui. Mais alors que *Philosophie et idéologies trans/ posthumanistes* vient de paraître quasi simultanément, je dois reconnaître que le contraste est sensible.

Le style du *Signe et la Technique* paraît « inspiré » : il est riche en métaphores, de tonalité presque lyrique et emphatique, si « littéraire » alors même qu'il dénonçait l'enfermement de la philosophie dans le langage. La différence est frappante avec l'écriture prosaïque, positive, analytique de *Philosophie et idéologies*. Une raison en est lisible dans la bibliographie des deux ouvrages : l'horizon philosophique du *Signe* est quasi exclusivement franco-allemand (avec une forte présence de Heidegger dont pourtant je contestais les positions), tandis que celui de *Philosophie et idéologies* est anglo-saxon. De l'un à l'autre j'ai changé de langue.

J'ai toujours pensé que *Le Signe et la Technique* fut l'objet d'un malentendu dont le principal responsable était la *Préface* que Jacques Ellul avait eu l'amabilité de lui consacrer : *Le Signe et la Technique* serait un livre « technophobe ». En le relisant aujourd'hui, je dois reconnaître que le style autant que les nombreuses références à Ellul ont dû jouer un rôle déterminant dans ce malentendu, en même temps qu'une mécompréhension de la portée critique de la première section – « À l'enseigne du signe » – dont la seule finalité est de prendre des distances par rapport à l'image de l'homme, du langage, du temps et du monde véhiculée par la philosophie traditionnelle et les courants phénoménologico-herméneutiques, structuralistes et de déconstruction de la métaphysique.

Involontairement, *Le Signe et la Technique* exprime à quel point le bagage langagier et conceptuel hérité de la philosophie allemande et française dont je disposais était incapable de prendre la mesure des technosciences autrement que sous la forme d'une catastrophe absolue.

Depuis lors, le monde et ma propre expérience philosophiques ont évolué. J'ai lu Gilbert Simondon que j'avais très peu fréquenté, et j'ai pratiqué la philosophie anglo-saxonne de la technique. Mais l'apport le plus décisif a été ma participation durant deux décennies à des expertises et, surtout, à des comités de bioéthique. Ceux-ci obligent à s'informer concrètement et à discuter avec des scientifiques (médecins, biologistes) et des spécialistes divers (économistes, juristes, sociologues, psychologues) ayant leur langage et leur regard propres tant sur l'éthique que sur les technosciences.

De *Le Signe et la Technique* (1984) à *Philosophie et idéologies trans/posthumanistes* (2017), qu'est-ce qui demeure, qu'est-ce qui change ? Sans préjudice bien entendu de ce que le lecteur de ces deux livres jugera par lui-même, esquisser ma réponse à cette question est l'exercice que je me suis proposé pour cette *Postface*.

Consonances : des interrogations et des critiques qui n'ont pas changé

La rupture avec l'évaluation de la technique qui réduit cette dernière à un ensemble d'outils à la mesure et au service de l'homme est un thème important du *Signe et la Technique*. C'est la critique de la conception instrumentaliste et anthropologiste de la technique. La portée de la technoscience excède cette conception en même temps que la définition de l'homme qui la supporte. Aucune anthropo*logie* définie ne peut délimiter et finaliser les anthropo*techniques*, si ce n'est contextuellement et provisoirement. *Philosophie et idéologies* prolonge cette thèse et en explicite les complexités.

La critique de la survalorisation philosophique du symbolique, spécialement du langage, au profit de la reconnaissance de l'importance également déterminante des technologies matérielles appliquées à l'homme reste centrale dans *Philosophie et idéologies*. Cette survalorisation – encore exprimée de façon ambivalente au travers de ce que j'appelais « l'inflation du langage dans la philosophie contemporaine » – est un héritage de l'idéalisme et du spiritualisme dominants de la tradition philosophique qui se prolonge, de manière ambiguë, dans les pratiques de déconstruction de Wittgenstein et Heidegger à Derrida. Mais *Le Signe et la Technique* n'échappe pas complètement à cette ambiguïté en raison du langage utilisé. La reconnaissance du symbolique comme une polytechnique matérielle subtile évoluée/ inventée par l'espèce humaine y demeure embryonnaire.

La notion de technoscience et la critique de la conception logothéorique de l'entreprise moderne et contemporaine de savoir avec une insistance sur la portée créatrice des technosciences sont des constantes.

Central dans *Le Signe et la Technique* autant que dans *Philosophie et idéologies* est le paradigme de l'Évolution développé jusque dans l'idée d'une techno-évolution autonome succédant à la bio-évolution et à la logo-évolution. Chacun de ces règnes distincts s'appuie cependant sur celui qui précède. Le paradigme de l'Évolution relativise l'Histoire (et ses récits escha-tologiques ou utopistes) caractérisée comme une évolu-tion essentiellement symbolique (ou logo-évolution). L'inscription bénigne du potentiel technoscientifique au sein de l'Histoire est une illusion même si elle a de nombreux effets et utilités (idéologiques).

Également important dans les deux livres mais déjà présent aussi antérieurement est le thème de l'ouverture et de l'opacité radicales du futur – « l'agnosticisme du futur » – associé à la question « Qu'en sera-t-il de l'homme dans un million d'années ? » et à l'analogie pré-histoire/post-histoire qui l'illustrent.

La crainte et la dénonciation des dangers de clôture utopiste – le technocosme se bouclant sur lui-même – portés par l'utilitarisme hédoniste et par des tentations totalitaires, des idéologies devenues plus menaçantes avec les TIC se retrouvent aussi.

Enfin, le volet politique (en un sens large), l'interaction du symbolique et du technique, la prise en compte de l'éthique, les notions de « prudence cosmique » et d'un « humanisme sans illusion », sur lesquelles je reviendrai, font signe en direction du transhumanisme au terme d'un livre où la tonalité posthumaniste est dominante.

Dissonances : l'abandon d'un style philosophique essentialiste et littéraire

Les dissonances sont principalement dues aux adhérences idéalistes, essentialistes et dualistes venues d'un style et d'un *background* philosophiques dont la pratique de Wittgenstein n'avait pas suffi à me libérer. Il y a une contradiction entre le langage du *Signe et la Technique* et ce que ce livre ne parvient du coup à dire qu'en négatif : la fin de l'idéalisme et de l'essentialisme dans un langage qui demeure largement essentialiste/ idéaliste. Mon idéalisme résiduel trouve un refuge dans l'évaluation ambiguë réservée au symbolique. Je critique la surévaluation du langage et du symbolique en général – devenue inflatoire parce que menacée, sur la pente de la dévaluation – et en même temps je continue de les privilégier par mon style et en opposant le Signe et la Technique. La reconnaissance de l'empirisme, de l'expérimentalisme, du matérialisme technoscientifique, sans parler de l'utilitarisme et du pragmatisme, reste si lointaine que Le Signe et La Technique sont radicalement distingués comme deux essences hypostasiées. Bien que j'introduise quelques exemples et perspectives concrètes de manipulations de la nature et de la nature humaine (pas très différentes d'ailleurs de ce que l'on évoque aujourd'hui), il n'est presque jamais question de réalités empiriques : individus, collectifs, techniques matérielles, événements historiques. *Le Signe et la Technique* s'articule autour d'une série de clivages dualistes d'entités hypostasiées : symbole / technoscience, signe / technique, éthique /

technique, histoire / évolution, monde / technocosme, ou, plus irrationnel, Amour / Transcendance Noire... Ces oppositions sont radicales : la technique, l'opératoire sont l'*autre* du langage, du symbole ; la technoscience est absolument hors éthique, menaçant non telle morale, mais l'éthicité, la sensibilité morale essentielle à l'homme ; la technoscience est radicalement hors symbole, non inscriptible symboliquement dans une représentation et un récit qui lui accorderaient un sens, permettraient de l'évaluer et de l'orienter. Les influences d'Ellul et, plus subtilement, de Heidegger sont indiscutables. Mais – et je vais y revenir – ces descriptions tranchées, sources d'une clarté trompeuse si l'on n'y prend garde, visaient des présupposés philosophiques et théologiques avec lesquels il fallait rompre. En outre, les entités radicalement distinguées n'allaient pas sans interactions, ainsi que le propose la quatrième et dernière section du livre : une dialectique sans synthèse ni utopie.

Le posthumain et la volonté supposée *bonne du transhumanisme*

Depuis le tournant du millénaire, « transhumain », « posthumain », « transhumanisme », « posthumanisme » sont des termes à la mode branchés sur le futur. Un paradoxe personnel veut qu'ils sont pour moi d'abord évocateurs du passé. Un passé qui n'était plus que confusément encore à mon esprit lorsque, en 2001 [1], Jean-Noël Missa m'interrogea sur mon rapport au trans/ posthumanisme. J'ai alors redécouvert que j'utilisais les termes « transhumain », « posthumain » et « abhumain »

---

1. Voir le *Dialogue* qui suit *Species technica*, Paris, Vrin, 2002.

déjà dans les années 1970[1]. « Transhumain » figure
ainsi dans la phrase qui contient la première occurrence
française du mot « techno-science ». « Transhumain »,
« posthumain », « abhumain » étaient pour moi des
termes expérimentaux que je n'avais pas empruntés et
que j'utilisais avec hésitation et prudence. Je ne parlais
pas de « transhumanisme » ou de « posthumanisme » :
semblables courants n'existaient pas. J'apportais des
questions ; certainement pas des réponses organisées en une
idéologie encline à l'activisme. Il s'agissait d'encourager
la réflexion sans préjugé sur les interrogations radicales
soulevées par les technosciences dont les philosophies
dominantes des premières décennies de la seconde moitié
du XXe siècle ne voulaient rien savoir ou disposaient
avec légèreté. La question de l'« ab/trans/posthumain »
dans la perspective du potentiel des technosciences et
de la temporalité évolutionnaire m'apparaissait à la fois
comme fascinante et ambivalente.

« La dignité ultime de l'homme cherchant à s'affirmer
non plus – parce que c'est là une fixation devenue inutile et
à la longue nuisible, régressive – dans l'assomption de sa
nature (spécialement des paramètres de la finitude) mais
dans l'audace et le risque de la négation de cette nature.
Il n'y a toutefois, dans ce propos, aucune exaltation. » :
telles étaient les deux dernières phrases de ma thèse. A
la fin du livre qui en est issu[2], la toute dernière phrase
était remplacée par cette citation de Michel Butor : « Je
récuserais le terme d'humaniste si l'on y voyait une

1. G. Hottois, *Essai sur les causes, les formes et les limites de
l'inflation du langage dans la philosophie contemporaine*, thèse de
doctorat, Université Libre d Bruxelles, 1976.
2. G. Hottois, *L'inflation du langage dans la philosophie
contemporaine*, éd. de l'Université de Bruxelles, 1979.

valorisation absolue d'une notion de l'homme définie une fois pour toutes, en opposition avec ce qui n'est pas humain. (…) toute idée de l'homme qui ne se déborde pas vers l'animal ou la machine, ou plus généralement vers l'abhumain et le surhumain, aboutit nécessairement à une oppression de l'homme par lui-même. ».

Les trois premières sections de *Le Signe et la Technique* accentuent la thématique du posthumain en raison de la fascination qu'il exerce mais aussi parce que l'accentuation du posthumain fait apparaître par contraste la liaison philosophique étroite entre « le monde », « l'histoire », « la valeur », « le sens », « le langage » et « l'homme comme le vivant symbolique », une série conceptuelle bouclée sur elle-même, incapable de prendre la mesure des technosciences, du cosmos et de la temporalité évolutionnaire. Le point culminant de cette problématique et de ce style est l'expression « la transcendance noire » sur laquelle s'achève la Section 3. Sans doute est-ce la formule qui a le plus vivement interpellé les lecteurs de cet ouvrage et qui s'est imprimée dans les mémoires. Pourtant, je m'efforçais d'en modérer l'interprétation. Le « trou » de l'ordre symbolique, l'innommable « hors symbole » est, concrètement, le futur dans la perspective opaque de l'évolution technoscientifique posthumaine ou abhumaine. Je me distanciais de toute théologie négative, de la tentation techno-mystique autant que de celle d'une diabolisation. La transcendance noire est « *une métaphore métaphysique* – qu'il serait dangereux de détacher du contexte et des précautions dont nous l'entourons », écrivais-je, en rappelant l'expression de « Mur cosmique » que j'utilisais déjà dans *L'inflation*… au milieu de la décennie antérieure, afin de suggérer l'opacité de l'avenir livré à l'opératoire privé de lumières symboliques. Entre « mur cosmique », « transcendance noire », « abhumain », « posthumain » et « singularité » se meuvent des inquiétudes, des interrogations, des séductions et des vertiges étroitement apparentés.

« Ab-humain, ab-humanité, post-humain, post-historique, post-symbolique » apparaissent dans *Le Signe et la Technique*; pas « transhumain » que j'avais préféré antérieurement. Je ne suis pas sûr qu'il faille en tirer des conclusions. Tous ces néologismes étaient des tentatives pour indiquer ce que j'essayais de dire et que la philosophie ne pouvait ou ne voulait pas voir. La supposition qu'une évolution transhumaine – visant l'amélioration de l'individu et de l'espèce – risque de conduire, voire conduira inexorablement, à moyen ou à long terme, dans le posthumain est présente dans mes publications des années 1970. En même temps qu'une question plus inquiétante encore : le protectionnisme – éthique – de l'humain est-il justifié? Le mal ou l'erreur ne sont-ils pas dans le désir illusoire de bloquer l'Évolution? La section qui clôt ma thèse (1976) et le livre qui en est issu en 1979 s'intitule : « La question – éthique? – fondamentale » : un titre hésitant quant à la qualification éthique (quelle éthique? quelle morale?) à réserver aux questions « radicales ». Une hésitation cependant tranchée en faveur de l'approche éthique comme étant la moins inappropriée, entraînant mon engagement ultérieur dans la bioéthique.

La dernière section du *Signe et la Technique* – « Entre signe et technique » – tente de s'arracher aux dilemmes engendrés par une opposition massive entre le symbolique et le technique, entre technophobie et technophilie sans nuances, en même temps qu'à une vision non évolutive de l'éthique. Ce n'est pas à partir de telle morale particulière *ne varietur* qu'il faut évaluer les techniques matérielles appliquées à l'homme, mais en fonction de leur dangerosité eu égard à la « sensibilité éthique » générale, ou plutôt générique : la « capacité éthique » propre à l'espèce humaine. Au lieu de rompre franchement avec l'essentialisme, j'introduis le concept de « l'éthicité ».

Il reste que la visée dominante de « Entre signe et technique » est transhumaniste dans un sens proche de *Philosophie et idéologies* : celui d'une voie moyenne. Le symbolique rentre jusqu'à un certain point en grâce en même temps que le politique médiateur du signe et de la technique. Mais pas plus que dans *L'inflation...* et dans *Philosophie et idéologies* aux deux extrémités de mon itinéraire, il n'y a d'illusion ni d'utopie. Le transhumanisme *est* cet « humanisme sans illusion », dernier mot du *Signe et la Technique*, qui réclame « une prudence cosmique », « une circonspection évolutive ». Vu notre ignorance, l'opacité du futur et le potentiel de l'anthropotechnique, il est impératif de préserver l'humain – en sa diversité aussi symbolique – non seulement pour lui-même, mais parce qu'il est une expression du cosmos en évolution.

En introduisant positivement l'éthique, le politique et la dialectique (sans synthèse) du signe et de la technique, la dernière partie du *Signe et la Technique* invite à « revenir sur terre » et à rompre avec les essences hypostasiées : la technique ne croît pas (encore) de façon autonome ; les possibilités existent d'intervenir et d'orienter selon une voie moyenne prudente pas totalement aveugle.

Aujourd'hui et demain, le transhumanisme

Ma vision n'a pas fondamentalement changé. Elle s'est nuancée et enrichie de plus de vingt ans d'expérience bioéthique et biopolitique. J'ai acquis une conscience plus vive des forces irrationnelles et obscurantistes, dogmatiques, qui s'opposent à toute perspective transhumaniste, même modérée d'amélioration. L'approche transhumaniste, compte tenu de ce que l'espèce humaine sait et peut aujourd'hui, espère savoir et pouvoir demain, m'apparaît comme sensée et légitime. J'y suis donc favorable, mais avec une conscience mieux informée de la complexité, des inconnues, des risques biophysiques, éthiques, sociaux et politiques. L'entreprise transhumaniste est une aventure au très, très long cours, qui doit être gérée aussi « au quotidien ». Le moins mauvais type d'aide à la gestion que je connaisse est celui qui prend l'avis de comités de bioéthique pluralistes et pluridisciplinaires, indépendants, non inféodés à un pouvoir politique, technocratique ou théocratique : des comités dans le contexte de sociétés démocratiques respectueuses des libertés et des droits individuels et soucieuses de justice et de solidarité. Dans la mesure où de telles institutions seront fortes, elles pourront, peut-être, contribuer à équilibrer ou à contenir des entreprises trans/posthumanistes plus audacieuses et périlleuses au sein de départements d'États soustraits au contrôle démocratique ou d'organisations techno-capitalistes futuristes transnationales privées. Je ne crois pas possible d'arrêter la dynamique de l'amélioration transhumaniste ni ne trouverais souhaitable un tel arrêt s'il était concrètement réalisable. Elle doit suivre sa route en respectant ceux – individus et communautés – qui choisissent d'autres chemins.

Au cours des toutes dernières décennies du XXe siècle, de plus en plus de philosophes ont pris conscience des défis soulevés par les technosciences. La philosophie est moins exclusivement focalisée sur la question du langage « rentré en grâce » à mes yeux mais dépouillé de ses attributs transcendants ou transcendantaux de Verbe ou de Logos. Il est cet instrument humain – de plus en plus objectivé et opéré par les technosciences – qui nous relie à une part de notre passé et de notre histoire et qui peut nous aider quelque peu à nous orienter au présent et au futur. Cette confiance philosophique limitée retrouvée dans le langage, dans le symbolique, reste prudente et critique. Eu égard aux humanismes traditionnels et modernes, un apport important et avisé du transhumanisme est de réclamer un rééquilibrage entre le symbolique et le technique. Même l'humanisme progressiste laïque continue de favoriser excessivement les moyens symboliques de l'amélioration au détriment de la reconnaissance positive des possibilités technoscientifiques d'amélioration qui sont le défi de l'avenir.

Mon jugement sur l'utilitarisme est devenu plus nuancé. L'utilitarisme offre au trans/posthumanisme une sorte de garde-fou, car il insiste sur la sensibilité, l'épanouissement individuel, la diminution de la souffrance, le bonheur ; il promeut le souci du plus grand bien pour le plus grand nombre d'humains ; il se préoccupe aussi des vivants non humains. Sans l'orientation vers l'amélioration cultivée par l'éthique utilitariste, le paradigme évolutionniste qui imprègne le trans/posthumanisme serait dominé par l'esprit d'expérimentation et d'exploration, la visée de

puissance et la curiosité aventureuse. Il y a donc une
« utilité » de l'utilitarisme ainsi que de l'hédonisme et
de l'eudémonisme qui y sont associés. Avec d'autres
valeurs venues des traditions, ils modèrent, humanisent et
enrichissent l'évolutionnisme trans/posthumaniste. Mais
ces morales et leur mise en œuvre politique demeurent
suspendues aux pièges des utopies, c'est-à-dire de la
clôture et de l'arrêt. L'utilitarisme offre des balises; il
ne doit pas éteindre le désir d'expérimenter, de chercher,
d'explorer, de créer librement, sans visée d'utilité définie,
par pure curiosité. Il ne doit pas, comme c'est souvent
le cas avec l'économisme contemporain, contraindre
la recherche à revêtir systématiquement le masque de
l'utilité. Pas plus que l'amélioration transhumaniste
créatrice ne doit être asservie au paradigme thérapeutique,
premier pourvoyeur d'utilités.

Le transhumanisme est-il un humanisme ?

Cette question aux réminiscences sartriennes est
intéressante car elle interpelle à la fois le transhumanisme
et l'humanisme, spécialement l'humanisme moderne
laïque. Ce dernier est partagé : nombreux sont ceux
qui voient dans le transhumanisme une idéologie qui
abandonne les valeurs et idéaux humanistes de justice, de
solidarité et d'égalité sociales à réaliser par des réformes
institutionnelles, l'éducation et le changement des
mentalités : un égarement dicté par un techno-capitalisme
futuriste individualiste exacerbé, voire inhumain. D'autres
perçoivent dans les idées transhumanistes l'occasion pour
l'humanisme moderne de s'élargir, de s'enrichir et de se
donner des moyens efficaces pour réaliser ses idéaux
également sociaux : l'opportunité d'une actualisation
par la révision de ses préjugés conservateurs hérités de
conceptions du monde et de l'homme antérieures aux
grandes révolutions technoscientifiques du XXᵉ siècle.

La question « le transhumanisme est-il un humanisme ? » renvoie à une autre question infiniment plus ancienne : « Qu'est-ce que l'homme ? »

Le transhumanisme philosophiquement réfléchi (à ne pas réduire à l'activisme idéologique et politique) refuse qu'il soit donné à cette question une réponse définitive à prétention universelle. Les réponses sont à recevoir comme des *hypothèses* diversement étayées. Et ceux qui croient absolument en leur réponse – en leur image de l'homme – *doivent* (l'obligation de tolérance et de respect de l'autre non violent n'étant pas négociable) cultiver cette retenue qui consiste à admettre qu'il y a des réponses différentes.

Le transhumanisme, individualiste et pluraliste, accepte, encourage même, la pluralité des réponses à la question de l'homme. Il défend la multiplicité des voies et moyens d'exploration de la question. Les humanismes religieux et philosophiques traditionnels et modernes ne reconnaissent comme légitimes et/ou possibles que les moyens dits naturels et symboliques. Le transhumanisme veut recourir aussi aux moyens matériels opératoires. C'est là que se concentre une part essentielle de son originalité. Celle-ci peut paraître triviale et aisément « réductible » : les philosophes ont à cette fin tout un arsenal conceptuel qui leur donne l'illusion de pouvoir en disposer : tout cela ne serait que scientisme, positivisme, technicisme, technocratie... Du point de vue du transhumanisme et plus encore de la recherche technoscientifique qu'il accompagne, c'est cette assurance de maîtrise symbolique qui est une illusion. La maîtrise symbolique postule des référés transcendantaux, transcendants, métaphysiques ou théologiques. Certes, le débat symbolique, idéologique, reste très important.

Il l'est dans la mesure où il débouche ou non sur des actions, plus exactement, sur des opérations. Ces dernières relèvent de l'activité technoscientifique, de la R&D et de ses applications irréductibles, elles, aux seules interactions symboliques entre des sujets parlants. Le cœur du débat est donc : allons-nous permettre ou non des recherches et des applications à portée (potentiellement) transhumaine, c'est-à-dire modifiant progressivement ou brutalement les sujets symboliques eux-mêmes (avec leurs modes d'interaction et d'organisation) par des moyens qui ne le sont pas ?

Il n'est pas difficile de soulever à propos des intentions transhumanistes des questions et des objections pour lesquelles il n'y a pas aujourd'hui de réponse sérieuse. Par exemple, comment gérer une société – l'humanité – dès lors que des techniques permettraient de vivre plusieurs siècles ou indéfiniment ? Lorsque l'on dit qu'il n'y a pas de réponse, cela est inexact : la science-fiction déborde de réponses sous forme d'utopies et de dystopies. Sans doute ne sont-elles pas réalisables ni désirables en tant que telles ; elles peuvent au moins contribuer à éclairer des aspects, des variantes d'un tel avenir. Mais la cécité où nous sommes justifie-t-elle que l'on décide aujourd'hui d'arrêter toutes les recherches sur le vieillissement animal et humain pouvant un jour contribuer à un allongement spectaculaire de la vie ? Cela paraît absurde, impossible et non souhaitable.

Si l'on avait dit à un homme du XVIe ou du XVIIe siècles qu'il y aurait au XXe siècle plus de six milliards d'individus interconnectés sur toute la planète, voyageant par millions chaque année d'un continent à l'autre (pour ne retenir que ces aspects-là de notre civilisation) ainsi qu'une myriade de pouvoirs et de contre-pouvoirs, il n'aurait pas trouvé ce monde gérable.

Je ne crois pas possible ni souhaitable d'arrêter la marche en avant transhumaniste. Mais son allure peut être plus ou moins « humaine ». Pour cela, il ne faut pas que les idées et entreprises transhumanistes deviennent *underground* et se négocient au marché noir, ou ne prospèrent que dans le secret des départements de la défense ou des bunkers privés. On ne réprime pas impunément des tendances aussi fortes que le désir de continuer de vivre et d'évoluer ou la curiosité d'expérimenter, lorsque les moyens de les satisfaire sont ou deviennent disponibles.

L'histoire de l'humanité a toujours été seulement « plus ou moins humaine »; elle a été souvent horriblement barbare. L'avenir transhumaniste n'échappera pas aisément ni rapidement à ce destin, mais il est porteur d'un espoir pourvu de moyens nouveaux – ambivalents certes, mais dignes de considération.

Avril 2017

OUVRAGES CITÉS

AXELOS K., *Marx, penseur de la technique*, vol. I et II, Paris, Minuit, 1961.

BARRETT W., *The Illusion of Technique*, New York, Anchor, 1978.

BAUDRILLARD J., *Pour une critique de l'économie politique du signe*, Paris, Gallimard, 1972.

BRONOWSKI J., *A Sense of the Future*, Cambridge, The MIT Press, 1977.

BRUN J., *Les Masques du désir*, Paris, Buchet-Chastel, 1981.

CLARKE A. C., *Profil du futur*, Paris, Planète, 1964.

CLOSETS F. de, *Scénarios du futur*, Paris, Denoël, 1978.

DERIAN J.C. et Staropoli A., *La Technologie incontrôlée?*, Paris, P.U.F., 1975.

DOBZHANSKY Th., *L'Homme en évolution*, Paris, Flammarion, 1966.

– *The Biology of Ultimate Concern*, The American Library, 1967.

DOBZHANSKY et *alii*, *Evolution*, San Francisco, Freeman, 1977.

DURBIN P.T., éd, *Research in Philosophy and Technology*, vol. I, Greenwich (Conn.), JAI Press, Inc., 1978.

ELGOZY G., *Le Bluff du futur*, Paris, Calmann-Lévy, 1974.

ELLUL J., *La Technique ou l'enjeu du siècle*, Paris, A. Colin, 1954.

– *Le Système technicien*, Paris, Calmann-Lévy, 1977.

– *À Temps et à Contretemps*, Paris, Le Centurion, 1981.

ESPAGNAT B. d', *A la Recherche du réel*, Paris, Gauthier-Villars, 1979.

GILLE B., *Histoire des techniques*, Paris, Gallimard, 1978.

GROS F., Jacob F., Royer P., *Sciences de la vie et société*, Paris, Le Seuil (Points), 1979.

HEIDEGGER M., *Hebel. Der Hausfreund*, Pfullingen, Neske, 1957.

– *Lettre sur l'humanisme*, Paris, Aubier, 1964.

– *Essais et Conférences*, Paris, Gallimard, 1958.

HEISENBERG W., *Physique et Philosophie*, Paris, Idées-Gallimard, 1964.

HOTTOIS G., *L'Inflation du langage dans la philosophie contemporaine*, Bruxelles, éd. de l'Université de Bruxelles, 1979.

– *Pour une Métaphilosophie du langage*, Paris, Vrin, 1981.

JONAS H., *Das Prinzip Verantwortung. Versuch einer Ethik für die technologische Zivilisation*, Frankfurt am Main, Insel, 1979.

JUNGK R., *Pari sur l'homme*, Paris, Laffont, 1973.

LEM S., *Summa Technologiae*, Fankfurt am Main, Insel, 1976.

LEROI-GOURHAN A., *Le Geste et la Parole* (vol. 1 : *Technique et langage*), Paris, A. Michel, 1964.

MEYER H.J., *Die Technisierung der Welt*, Tübingen, Niemeyer, 1961.

MICHAELIS A. R. et HARVEY H. (eds.), *Scientists in Search of their Conscience*, Berlin et Heidelberg, Springer, 1973.

MINC A. et NORA S., *L'informatisation de la société*, Paris, La Documentation Française, 1978.

MUMFORD L., *Technique et Civilisation*, Paris, Le Seuil, 1950 (*Technics and Civilization*, 1934).

PACKARD V., *The People Shapers*, Londres, Futura, 1978.

PIERRE G., *L'Ère des techniques*, Paris, PUF, 1974.

PRIGOGINE I. et STENGERS I., *La Nouvelle Alliance*, Paris, Gallimard, 1979.

REEVES H., *Patience dans l'azur*, Paris, Le Seuil, 1981.

ROBINET A., *Le Défi cybernétique*, Paris, Gallimard, 1973.

RUWET N., *Introduction à la Grammaire générative*, Paris, Plon, 1975.

SALOMON J.-J., *Science et Politique*, Paris, Le Seuil, 1970.

SCHUMACHER E.F., *Small is beautiful*, Paris, Le Seuil, 1978.

SCHUURMAN E., *Technology and the Future*, (*Techniek en Toekomst. Confrontatie met wijsgerige Beschouwingen*, 1972), Toronto, Wedge Publishing Foundation, 1980.

STEGMÜLLER W., *Hauptströmungen der Gegenwartsphilosophie*, 2 vol., Stuggart, Kröner, 1975.

STORK H., *Einführung in die Philosophie der Technik*, Darmstadt, Wissenschaftliche Buchgesellschaft, 1977.

TOFFLER A., *Le Choc du futur*, Paris, Denoël (Médiations), 1971.

VAN LIER H., *Le Nouvel Âge*, Tournai, Casterman, 1962.

TABLE DES MATIÈRES

Dépôt légal : janvier 2018
IMPRIMÉ EN FRANCE

Achevé d'imprimer le 10 janvier 2018
sur les presses de l'imprimerie «La Source d'Or»
63039 Clermont-Ferrand
Imprimeur n° 19961K

Dans le cadre de sa politique de développement durable,
La Source d'Or a été référencée IMPRIM'VERT®
par son organisme consulaire de tutelle.
Cet ouvrage est imprimé - pour l'intérieur - sur papier offset 80 g
provenant de la gestion durable des forêts,
produit par des papetiers dont les usines ont obtenu
les certifications environnementales ISO 14001 et E.M.A.S.